# МЕКСИКАНСКАТА ДОМАШНА КУЈНА

100 НЕВЕРОЈАТНИ РЕЦЕПТИ ОД АВТЕНТИЧНАТА ТРАДИЦИОНАЛНА МЕКСИКАНСКА КУЈНА

Богдана Ардалић

## Сите права се задржани.

### Одрекување

Информациите содржани во оваа е-книга треба да послужат како сеопфатна колекција на стратегии за кои авторот на оваа е-книга истражувал. Резимењата, стратегиите, советите и триковите се само препораки од авторот, а читањето на оваа е-книга нема да гарантира дека нечии резултати точно ќе ги одразуваат резултатите на авторот. Авторот на еКнигата ги вложил сите разумни напори да обезбеди актуелни и точни информации за читателите на еКнигата. Авторот и неговите соработници нема да бидат одговорни за каква било ненамерна грешка или пропусти што може да се најдат. Материјалот во еКнигата може да вклучува информации од трети страни. Материјалите од трети страни содржат мислења изразени од нивните сопственици. Како таков, авторот на еКнигата не презема одговорност или одговорност за какви било материјали или мислења од трета страна. Дали поради прогресијата на интернетот, или поради непредвидените промени во политиката на компанијата и насоките за уредување за поднесување, она што е наведено како факт во времето на ова пишување може да стане застарено или непременливо подоцна.

Екнигата е авторско право © 202 2 со сите права задржани. Незаконски е да се прераспределува, копира или креира изведено дело од оваа еКнига целосно или делумно. Ниту еден дел од овој извештај не смее да се репродуцира или реемитува во какви било репродуцирани или реемитувани во какви било форми без писменото изразено и потпишано одобрение од авторот.

# СОДРЖИНА

СОДРЖИНА .................................................................. 4

ВОВЕД ........................................................................ 9

ЗАКУСКИ ................................................................... 11

   1. Слатки компири со печен лук ............................. 12

   2. Печен карфиол ..................................................... 14

   3. Печени моркови ................................................... 16

   4. Позоле гарнир ...................................................... 18

   5. Кактус бодликава круша на скара ...................... 20

   6. Чилес Анчос Реленос ........................................... 22

   7. Рузмарин печени компири со црн грав ............. 25

   8. Омлет од говедско хлебни .................................. 28

   9. Лехти со ориз ....................................................... 31

ГЛАВЕН ПРЕДМЕТ ................................................... 33

   10. Пилешко во сос од бадеми ................................. 34

   11. Бакалар или гратин ............................................. 37

   12. Мексикански грав ................................................ 40

   13. Пржена риба со сос ............................................. 42

   14. Говедска чорба .................................................... 45

   15. Мексиканска супа од црн грав ........................... 48

   16. Мексиканско калдо галего ................................. 50

   17. Мексикански наут ............................................... 53

   18. Мексиканско пилешко со ориз .......................... 56

   19. Мексиканско свинско месо и грав .................... 59

| | | |
|---|---|---|
| 20. | Мексикански црвен грав и ориз | 61 |
| 21. | Мексикански ориз со пилешко | 63 |
| 22. | Мексикански ориз со гулаб грашок | 67 |
| 23. | Мексиканска мисирка | 70 |
| 24. | Мексиканска морска храна Асопадо | 73 |
| 25. | Домашно веганско Chorizo | 76 |
| 26. | Кремасти тестенини Chipotle | 79 |
| 27. | Џекфрут веган Позоле Рохо | 81 |
| 28. | Мексиканска супа „ќофтиња" | 84 |
| 29. | Крт Чилакилес со зеленило и грав | 87 |
| 30. | Торта Ахогада | 90 |
| 31. | Мексикански каубојски грав | 93 |
| 32. | Мексикански кафеав ориз | 96 |
| 33. | Ароз а ла Мексикана | 99 |
| 34. | Шафран ориз | 102 |
| 35. | Ароз Хуерфано | 105 |
| 36. | Frijoles de Olla (тенџере грав) | 107 |
| 37. | Шаро или пијан грав | 109 |
| 38. | Frijoles Refritos (рефриран грав) | 111 |
| 39. | Грав во стилот на Санта Марија | 113 |

# РАЈАС .................................................................................. 116

| | | |
|---|---|---|
| 40. | Сиед Рајас | 117 |
| 41. | Карамелизиран Рајас | 119 |
| 42. | Бугарска пиперка рајас | 121 |
| 43. | Кремасти рајас | 123 |
| 44. | Рајас и печурки | 125 |

## ТАКОС ... 127

- 45. Рајас кон Крема Такос ... 128
- 46. Сладок компир и морков Тинга Такос ... 130
- 47. Компир и Хоризо Такос ... 132
- 48. Летни калабацитас такос ... 134
- 49. Зачинети тиквички и такос од црн грав ... 136
- 50. Тако од говедско месо во стил на бафало ... 139
- 51. Говедско тако обвивки ... 142
- 52. Тако од говедско месо на скара во стилот на Карнитас ... 144
- 53. Ситни тако говедски курви ... 147
- 54. Едно тенџере со тако тавче ... 150
- 55. улични такосови од стек со здолништа ... 152

## ЧОПИ И САЛАТИ ... 155

- 56. Сопа Тараска ... 156
- 57. Супа од црн грав ... 159
- 58. Супа во стилот на тлапан ... 162
- 59. Пуебла супа ... 165
- 60. Салата од компири ... 168
- 61. Салата за правење текила ... 171
- 62. Енсалада де Кол ... 174

## ТОСТАДАС ... 176

- 63. Основен Тостадас ... 177
- 64. Компир Гордитас ... 179
- 65. Тостади со говедско месо ... 182
- 66. Chipotle пилешко тостада ... 185
- 67. Сладолед од кокосово млеко Tostada Sundae ... 188

| 68. | Тостади од ракчиња со гвакамола | 190 |

## ДЕСЕРТ .......................................................................... 193

| 69. | Flan de queso | 194 |
| 70. | Мексикански леб од месо | 197 |
| 71. | Лубеница Палета Шот | 200 |
| 72. | Карлота де Лимон | 202 |
| 73. | Манго и Шамој Слуши | 204 |
| 74. | Мус од чоколадо | 207 |
| 75. | Банани и мандарински со сос од ванила | 209 |
| 76. | Сорбете од Јамајка | 211 |
| 77. | Манго на скара | 213 |
| 78. | Брз овошен пудинг | 215 |
| 79. | Банани на скара во сос од кокос | 217 |
| 80. | Манго шербет | 219 |
| 81. | Флан | 221 |

## ЗАЧИНИ ......................................................................... 223

| 82. | Сос од цилантро | 224 |
| 83. | Мексикански adobo прав | 227 |
| 84. | Мексиканско зелено софрито | 229 |
| 85. | Бришење од свинско месо во мексикански стил | 232 |
| 86. | Зеленчук | 234 |
| 87. | Ваљарта пад | 236 |
| 88. | Лећата за тако | 239 |
| 89. | Свежа тревна салса од домати-пченка | 241 |
| 90. | Гвакамоле ............................................................ БЕЛ ГРАВ 243 |

## ПИЈАЛОК .................................................................. 245

- 91. Нискокалорично смути од кактус .......................... 246
- 92. Атоле ................................................................... 248
- 93. Шампурадо ........................................................... 250
- 94. Aguas Frescas ....................................................... 252
- 95. Horchata de Melón ................................................ 254
- 96. Сангрита .............................................................. 256
- 97. Кокосово јајце ...................................................... 258
- 98. Мексиканско јајце ................................................ 260
- 99. Мексиканско мохито ............................................ 263
- 100. Мексиканско рум капучино ................................ 266

## ЗАКЛУЧОК .............................................................. 268

# ВОВЕД

Мексиканската кујна се состои од кујни за готвење и традиции на модерната земја Мексико. Неговите најрани корени лежат во мезоамериканската кујна. Неговите состојки и методи започнуваат со првите земјоделски заедници како што се Маите кои ја припитомиле пченката, го создале стандардниот процес на никстамализација на пченката и ги воспоставиле своите начини за исхрана.

Денешните основни прехранбени производи се родени во земјата и вклучуваат: пченка (пченка), грав, сквош, амарант, чиа, авокадо, домати, доматилоси, какао, ванила, агава, мисирка, спирулина, сладок компир, кактус и чили пиперка. Неговата историја низ вековите резултирала со регионални кујни засновани на локални услови, вклучувајќи ги Баја Мед, Чиапас, Веракруз, Оаксакан и американските кујни на Њу Мексиканска и Текс-Мекс.

Мексиканската кујна е важен аспект на културата, социјалната структура и популарните традиции на Мексико. Најважниот пример за оваа поврзаност е употребата на крт за посебни прилики и празници, особено во јужните и централните региони на земјата.

Постои заедничка перцепција дека мексиканската храна е и зачинета и тешка, но, всушност, вистинската мексиканска храна има и длабочина на вкус - со својата комбинација на солени и земјени вкусови - и свежа леснотија од нејзината дарежлива употреба на свежи билки, зеленчук и цитрус. Во поголемиот дел од Мексико би било многу невообичаено да се става сирење во тако, енчилада или тостадо, на пример, а ако се користи тоа би било мексиканско сирење од панела (мазно, свежо, бело сирење).

# СНЕКИ

# 1. Слатки компири со печен лук

4 порции

## Состојки
- 1-1/2 фунти неизлупени слатки компири, исечени на парчиња од 1/2 инчи
- 12 чешниња лук, излупени и исечени на половина
- 1 лажица екстра девствено маслиново масло
- 1-2 лажици мелено Серано или халапењо чиле 3/4 лажичка сува мајчина душица 1/2 лажичка кошер сол
- 1/2 лажичка бибер

## Правци
a) Загрејте ја рерната и тавата. Ставете тава или тепсија од 12 инчи, доволно голема за да ги држите компирите во еден слој во рерната, свртете ја топлината на 375°F и загрејте ја тавата 30 минути.
b) Измешајте ги состојките. Додека тавата се загрева, соединете ги сите состојки во сад.
c) Испечете ги компирите. Извадете ја загреаната тава од рерна и веднаш рамномерно распоредете ги измешаните состојки. Ставете ја тавата во рерна и печете ги компирите 45 минути, мешајќи на секои 15 минути за да се варат рамномерно.

2. Печен карфиол

4 порции

## Состојки

- 1 многу голема главица карфиол (околу 1 фунта 6 унци по отсекувањето), исечкана на цветчиња со дијаметар од 1-3 инчи
- 1-1/2 лажици екстра девствено маслиново масло
- Свежо мелен црн пипер, по вкус
- 8 чешниња лук, крупно сецкани
- 2 лажици козјо сирење или замена за пармезан

## Правци

a) Загрејте ја рерната на 375°F.
b) Подгответе го и испечете го карфиолот. Цветките наредете ги во сад за печење кој ќе ги собере во еден слој, стеблата свртени нагоре.
c) Додадете маслиново масло, бибер и половина лук и измешајте. Печете 25 минути.
d) Ако карфиолот поруменил на дното, свртете го така што зарумената страна е нагоре. Ако сè уште не е кафеава на дното, продолжете да печете додека не стане, а потоа свртете го и додадете го преостанатиот лук. Намалете ја топлината на 350°F и продолжете со печење додека карфиолот не стане мек и добро зарумен, 20-25 минути, или вкупно 45-55 минути.
e) Завршете го садот. Кога карфиолот ќе омекне и ќе порумени, извадете го од рерната и веднаш посипете го со сирењето.

3. Печени моркови

4 порции

## Состојки
- 1-1/2 килограми моркови, излупени и исечени на парчиња
- 6 чешниња лук, излупени и искршени
- 1-1/2 лажици екстра девствено маслиново масло
- 1/4 натрупа лажичка сува мајчина душица
- Свежо мелен црн пипер, по вкус
- 1/4 натрупа лажичка сол

## Правци
a) Загрејте ја рерната на 400°F.
b) Ставете ги морковите во железна тава од 12 инчи или на сад за печење доволно голем за да ги држите во еден слој. Измешајте ги преостанатите состојки, цврсто покријте ја тавата со фолија и печете 30 минути. Отстранете ја фолијата и продолжете со печењето 20 минути.
c) Промешајте и печете дополнителни 5-10 минути или додека морковите не се добро зарумени.

4. Додаток Позоле

Околу 10 порции

## Состојки
- 1-1/2 чаши исушен хомони
- 1/2 чаша сецкан кромид
- 1/2 чаша печено, излупено и сечкано свежо зелено чили во Ново Мексико, Анахајм или Поблано
- 1 лажичка сушен лист оригано
- 1/4 чаша сецкан домат
- 3/4 лажичка сол
- 1/2 лажичка свежо мелен црн пипер

## Правци
a) Потопете го хоминијата. Еден ден пред да планирате да го послужите Позолето, ставете го хомониумот во сад, покријте го со неколку инчи вода и оставете го да кисне на собна температура 24 часа.
b) Гответе го позолето. Исцедете го хомониумот и фрлете ја натопената вода. Исплакнете го хомониумот, ставете го во тенџере и покријте го со 2 инчи вода. Оставете да зоврие, додајте ги преостанатите состојки и динстајте делумно покриено додека јадрата не стане ал денте и не изгледа како да пука, околу 2-2-1/2 часа.
c) Откријте го тенџерето и продолжете со крчкање додека не испари речиси целата течност.

## 5. Кактус од бодликава круша на скара

4 порции

## Состојки
- 4 средни, но тенки лопатки бодликава круша Сол
- Спреј за готвење

## Правци
a) Запалете оган од јаглен или дрва или претходно загрејте ја скарата со гас на високо ниво.
b) Подгответе го кактусот. Отстранете ги сите боцки или јазли од лопатките со нож за лупење или со крајот на лупач за зеленчук, користејќи клешти и многу внимавајте да не се повредите од боцките. Отсечете и фрлете околу 1/4 инчи од периметарот на секое лопатка. Направете паралелни парчиња на лопатките по должина на растојание од околу 1 инч, од заоблените врвови до околу 2 инчи од основата на секое лопатка. Посипете ги лопатките со сол колку да ги покрие двете страни и оставете ги да отстојат 15 минути во цедалка или на чинија.
c) Печете го кактусот на скара. Исплакнете ја солта, исушете го кактусот и обилно испрскајте ги двете страни со спреј за готвење. Печете на скара од двете страни додека не омекне и послужете со печена храна.

6. Чиле Анчос Реленос

4 порции

## Состојки
### За чилињата
- 1 лажица масло
- 2 чаши тенко исечен бел кромид
- 3 чешниња лук, излупени и искршени
- 2 лажици паста од тамаринд растворена во 2 чаши топла вода
- 1 чаша мелао (сируп од трска) или кафеав шеќер
- 1/2 лажичка сушен лист оригано
- 1/2 лажичка сува мајчина душица
- 1/2 лажичка сол
- 8 средни до големи анчо чили, исечени на едната страна, отстранете ги семките

### За филот
- 4 чаши слатки компири печени со лук
- Печени моркови
- 2 унци козјо сирење, рендано
- Стиснете сол
- 2 лажички екстра девствено маслиново масло

## Правци
a) Подгответе ги чилите. Загрејте го маслото на тивок до средна топлина во тенџере со средна големина. Додадете го кромидот и варете додека малку не порумени. Додадете го лукот и варете уште една минута.
b) Промешајте ја водата со вкус на тамаринд, мелаото, ориганото, мајчината душица и солта.

c) Додадете ги чилите, покријте ги и варете на тивок оган 10 минути. Тргнете ја тавата од оган, извадете ја капакот и изладете ја најмалку 10 минути.

d) Направете го филот. Додека чилите се ладат, комбинирајте ги слаткиот компир и/или морковот и кезо фреската или панелата. Изматете ги солта и маслото и прелијте ги со зеленчукот.

e) Наполнете ги и послужете ги чилите. Со помош на голема решеткана лажица, извадете ги чилите во цедалка и исцедете ги 5 минути.

f) Внимателно ставете по 1/4 чаша од филот во секое чиле и ставете по 2 на секоја од четирите чинии. Над секоја порција ставете малку од кромидот и одозгора со сирењето. Послужете на собна температура.

## 7. Рузмарин печени компири со црн грав

4 порции

## Состојки
- 1/4 чаша екстра девствено маслиново масло
- 3 чешнића лук, неизлупени
- 3 лажици свежи листови рузмарин
- 2/3 чаша вода
- Слабо 1/4 лажичка сол
- 12 унци русет или златни компири од Јукон, исечени на парчиња од 3/4 инчи
- 2 чалапењо чили, семки и вени отстранети, исечени на кругови со дебелина од 1/8 инчи
- 1 чаша варен и исплакнат црн грав
- 2 ромски домати, сецкани на парчиња од 1/2 инчи
- 1 големо авокадо, исечено на парчиња од 1/2 инчи
- 1/4 чаша ситно сецкан цилинтро
- 3/4 чаша рендано, дел обезмастено млеко
- Козјо сирење
- 2 лажици лут сос, како што е Шрирача
- 1/4 чаша кисела павлака или тофути

## Правци
a) Направете го маслото со вкус. Ставете ги маслото, лукот и рузмаринот во сад безбеден за микробранова печка и печете ги во микробранова 30 секунди на High. Почекајте 15 секунди и повторете.
b) Оставете го садот да отстои, покриен, на собна температура 2-3 часа, а потоа исцедете го маслото во друго јадење, фрлајќи ги лукот и рузмаринот. Измешајте ја водата и солта и резервирајте.

c)  Испечете ги компирите. Загрејте ја рерната на 425°F. Ставете ги компирите во тава од леано железо од 9 инчи или сличен сад што е безбеден за рерната, додадете ја смесата масло-вода и оставете да се динста на средно-висока топлина. Ставете ја тавата во рерна 30 минути.
d)  Извадете ги од рерната, додајте ги круговите халапењо, свртете ги компирите и печете уште 15 минути или додека компирот не добие златно-кафеава кора.
e)  Измешајте го зеленчукот. Додека компирот се пече, во сад измешајте ги црниот грав, доматите, авокадото и цилинтрото и резервирајте. Завршете го садот. Поделете ги компирите на четири чинии, одозгора со еднакви делови од смесата од зеленчук и украсете ги со сирење, лут сос и павлака или тофути.

8. Омлет од говедско хлебните

Принос: 4 порции

## Состојка

- 3 Многу зрели хлебни
- Масло за пржење
- 1 Кромид; сецкани
- ½ Зелена пиперка; сецкани
- 2 Каранфилче лук
- ½ фунти Мелено говедско месо (обично испуштам)
- ¼ чаша Сос од домати
- 1 лажица Каперси
- 1 лажица Исечени зелени маслинки (по избор)
- Сол и црн пипер
- ½ фунти Боранија; свежо или замрзнато, исечено на парчиња од 3 инчи
- 6 Јајца
- ¼ чаша Путер

## Правци

a) Излупете ги хлебните, исечете ги на парчиња по должина од 2 инчи и пржете ги во масло до златно кафеава боја. Извадете го, исцедете го и оставете го топло. Во тава пропржете го кромидот, зелениот пипер и лукот додека не омекнат, но не и кафени.

b) Додадете го меленото месо и пржете на силен оган 3 минути.

c) Истурете го сосот од домати и по желба додајте ги каперсите и маслинките.

d) Гответе 15 минути на средна топлина, повремено мешајќи. Зачинете со сол и бибер по вкус. Измијте ги гравчињата и варете на пареа додека не омекнат. Изматете ги јајцата, додавајќи сол и бибер по вкус. Намачкајте ги страните и дното на тркалезната тепсија, а преостанатиот путер растопете го на дното. Истурете половина од изматените јајца и варете на средна топлина околу 1 минута или додека малку не се стегнат.

e) Покријте ги јајцата со една третина од парчињата хлебните, потоа слоеви од половина мелено месо и половина од гравот. Додадете уште еден слој хлебните, остатокот од меленото говедско месо, уште еден слој грав и одозгора со хлебните. Одозгора прелијте го остатокот од изматените јајца.

f) Гответе на тивок оган 15 минути, непокриено, внимавајќи да не изгори омлетот.

g) Потоа ставете во загреана рерна на 350 степени 10 до 15 минути за да се зарумени врвот.

h) Послужете со ориз и грав. Одлично за ручек.

## 9. Лехти со ориз-оброк

Принос: 24 бухти

Состојка

- 2 чаши Млеко
- 2 унци Путер
- ¾ кафена лажичка Солта
- 2 чаши Многу фин оброк од ориз
- 2 лажички Прашок за пециво
- 3 Јајца
- ½ фунти Благо бело сирење
- Сало или растително масло за длабоко пржење

Правци

a) Комбинирајте ориз-оброк и прашок за пециво и измешајте со содржината во тенџере. Додадете ги јајцата ЕДНО ПО ЕДНО и измешајте.

b) Гответе на умерен оган со постојано мешање со дрвена лажица додека смесата не се одвои од страните и дното на тавата.

c) Тргнете од оган. Изгмечете го сирењето со вилушка и додадете го. Темелно измешајте.

d) Ставете ја смесата со лажици во маснотии, загреана на 375 степени, додека не порумени. Извадете го и исцедете го на впивачка хартија.

# ГЛАВЕН КУРС

10.     Пилешко во сос од бадеми

Принос: 1 порција

## Состојка

- 3½ фунти Пилешко; исечете ги на парчиња за сервирање
- Брашно
- ¼ чаша Маслиново масло
- 1 средно Кромид; ситно сецкани
- 1 Каранфилче лук; сецкани
- ½ чаша Домат; излупени/сецкани
- 1 Sprigs магдонос; (до 2)
- 2 Инч стап цимет
- 4 Цели каранфилчиња
- 2 чаши Пилешка супа
- ½ чаша Бланширани бадеми
- Солта
- ¼ кафена лажичка Бел пипер
- 2 лажички Лимета или сок од лимон
- 2 Јајца

## Правци

a) Изматете ги парчињата пилешко со брашно, протресувајќи ги за да го отстраните вишокот.

b) Загрејте го маслото во тава и пржете го пилешкото додека не порумени. Префрлете се во тешка тепсија. Во тавче издинстајте ги кромидот и лукот и додајте ги на пилешкото заедно со доматот, магдоносот, циметот, каранфилчето и пилешката супа. Бадемите изматете ги во електричен блендер со голема брзина и додајте ги во тепсијата. Зачинете со сол, по потреба и бел бибер.

c) Покријте и варете нежно додека пилешкото не омекне, околу 45 минути.

d) Извадете ги парчињата пилешко во чинија за сервирање и чувајте ги топли. Исчистете ја секоја маст од сосот и намалете го сосот на 2 чаши на силен оган.

e) Прилагодете ги зачините и процедете го сосот низ ситно сито. Ставете на тивок оган. Изматете ги јајцата со сокот од лимета. Истурете ½ чаша од сосот врз јајцата, изматете ги со жица за матење.

f) Потоа истурете ја смесата со јајцата во сосот, матејќи постојано на тивок оган додека сосот не се згусне. Не дозволувајте сосот да зоврие бидејќи ќе замрзне. Прелијте го пилешкото.

g) Послужете со обичен бел ориз.

11. Бакалар или гратин

Принос: 1 порција

## Состојка

- 1 фунта Бакалао
- 3 супени лажици Путер
- 1 голема Кромид; сецкани
- 1 лажица Брашно
- 1 Каранфилче лук; здробени
- 2 лажички Доматно пире
- 1 Ловоров лист
- ½ чаша Суво бело вино
- 1 чаша Вода
- 1 лажица Сок од лимон
- 2 супени лажици Исечени маслинки
- 1 лажица Свеж магдонос; сецкани
- 2 супени лажици Исечени печурки
- Сол и свежо мелен пипер по вкус
- 2 супени лажици Пармезан; рендан
- 1 средно Компир; излупени, сварени и малку испасирани

## Правци

a) Потопете ја рибата во вода за да покрие најмалку 4 часа. отстранете ја кожата и коските и излупете со вилушка. Намачкајте со путер тепсија од 2 литри со 1 лажица путер и покријте го дното со бакалар.

b) Загрејте го преостанатиот путер во тенџере на средна топлина, додадете го кромидот и пржете додека не порумени. измешајте ги брашното и лукот, добро измешајте. додадете доматна паста, ловоров лист, вино, вода и сок од лимон.

c) Намалете ја топлината и варете, мешајќи додека смесата не се згусне. додадете маслинки, магдонос и печурки, а потоа пробајте сол и бибер. измешајте и варете 3 мин. тргнете го сосот од оган и прелијте со риба во тепсијата. посипете со сирење и обложете ги аглите од тепсијата со компирот.

d) Се пече во загреана рерна на 350 степени 35 минути или додека врвот не порумени. послужете со зелена салата.

12. Мексикански грав

Принос: 4 порции

## Состојка

- 1 фунта Грав, сушен
- 1 Кромид, исечен на коцки
- ¼ Зелен пипер, исечен на коцки
- 3 Каранфилчиња лук, исечени на коцки
- 8 унци Сос од домати
- 2 супени лажици Маслиново масло
- 2 лажички Солта
- 1 кафена лажичка Солта
- 2 чаши Вода
- 1 чаша Ориз, долго жито

## Правци

a) ПОДГОТВЕТЕ ГРАВ: Потопете го гравот најмалку два часа (и преку ноќ е во ред). Променете ја водата и оставете да зоврие.

b) Додадете го кромидот, биберот и лукот; покријте и динстајте 1 час.

c) Додадете го сосот од домати, маслиновото масло и солта: покријте и динстајте уште 1 час.

d) Оставете ја водата да зоврие. Додадете го оризот и солта.

e) Покријте и оставете да врие 20 минути.

13. Пржена риба со сос

Принос: 12 порции

## Состојка

- ½ чаша Маслиново масло
- 2½ фунти Кромид, излупен и исечен
- 1 ½ чаша Вода
- 24 Полнети маслинки со пиментос
- 2 супени лажици Каперси
- 1 конзерва 4 oz. pimientos, исечени на ситни парчиња во нивниот сок
- 2 лименки (8 мл.) сос од домати
- 2 супени лажици Оцет
- 1 лажица Солта
- 2 ловоров лист
- 4 фунти Парчиња риба
- 2 супени лажици Солта
- 1 чаша Маслиново масло
- 4 големи Каранфилче лук, излупени и здробени

## Правци

a) Подгответе го сосот мешајќи ги состојките и варете на умерен оган околу 1 час.

b) Кога сосот е речиси готов, зачинете ја рибата со сол вклучена во Б и малку покријте ја со брашно и испржете ја на следниов начин: Ставете масло и лук во тава за пржење. Кафеав лук на умерен оган. Извадете го лукот и ставете го во тавата онолку колку парчиња риба ќе собере на него. Браун на умерен оган од двете страни, намалете го огнот на минимум и варете 15 минути или додека рибата лесно не се снегулки кога се тестира со вилушка Испржете ја преостанатата риба на ист начин.

c) Ставете ја рибата во калап и покријте ја со лут сос и оставете ја да отстои 5 минути.

14. Говедско чорба

Принос: 1 порција

## Состојка

- 3 супени лажици Растително масло
- 1½ фунти Готвење говедско месо; се сече на 1 1/2 инчи
- 1 голема Кромид; сецкани
- 3 големи чешниња лук; сецкани
- 1 лажица Сецкан свеж магдонос
- 4 Свежи гранчиња мајчина душица или 1 лажичка сушени; се распарчи
- 4 лоровор лист
- 2 супени лажици Целосно брашно
- 2 лименки Говедска супа; (14 1/2-унца)
- 2 чаши Суво црвено вино
- 4 големи Компири
- 3 големи Моркови
- ½ фунти Боранија; исечени, преполовени
- Сецкан свеж магдонос

## Правци

a) Загрејте масло во тешко големо тенџере или холандска рерна на силен оган. Додадете говедско месо во серии и кафеаво. Префрлете го говедското месо во сад со помош на решеткана лажица. Додадете кромид и лук во тенџерето и пржете 5 минути. Додадете магдонос, мајчина душица, лоровори листови и брашно. Промешајте 2 минути.

b) Постепено се меша во супа и вино. Вратете го говедското месо во тенџере и доведете ја смесата да зоврие. Намалете ја топлината на средно-ниска и оставете да се динста непокриено 45 минути.

c) Во чорба додадете компири и моркови. Варете додека месото и зеленчукот не омекнат, повремено мешајќи околу 30 минути. Додадете боранија и динстајте додека гравот не омекне и сосот малку се згусне, околу 10 минути.

d) Префрлете ја чорбата во голема чинија. Украсете со сечкан магдонос и послужете.

15. Мексиканска супа од црн грав

Принос: 1 порција

## Состојка

- 4 чаши Зеленчук; (или пилешки) супа (до 6)
- 2 чаши Исплакнен црн грав
- ½ чаша Сецкан целер
- 2 големи Моркови; на коцки
- 1 средно Жолт кромид; на коцки
- ¼ чаша Оцет
- 1 кафена лажичка кора од портокал или лимон; рендан
- ½ лажичка Цимет
- 1 нотка Кајен; по вкус
- 2 лажички Лук; ситно сецкани

## Правци

a) Започнете со 4 чаши густин -- и додајте повеќе по потреба, во зависност од тоа дали сакате супа супа или гарнир за сервирање со кафеав ориз.

b) Во тенџере се ставаат сите состојки и полека се варат три часа. Послужете со варен кафеав ориз на дното на садот со следните гарнитури кои треба да се додадат по вкус: безмаслена павлака или јогурт, сечкан зелен кромид, сечкан црвен кромид, сечкани домати, сецкан магдонос, салса. Послужете со парче француски леб, топли тортиљи или пита леб.

16. Мексиканско калдо галего

Принос: 6 порции

## Состојка

- ½ фунти Сушен бел грав; натопени преку ноќ,
- И исцедена
- 1 фунта Пилешки бедра
- ½ фунти шпанска или мексиканска хоризо колбас; се сече на 1/2" парчиња
- ½ фунти Шунка; сецкани
- ¼ фунти Сол свинско месо; на коцки
- 1 средно Жолт кромид; излупени и сецкани
- 3 чешниња лук; излупени и сецкани
- 2 лажички Сос од Вустершир
- Табаско сос; неколку цртички по вкус
- 2 ½ литар Вода
- ½ фунти Компири; излупени, исечени на четвртинки,
- И исечени
- ½ фунти Зелена зелка; исечени на тенко
- 2 чаши Кале; отстранети цврсти стебла,
- И се сече на тенко
- ½ фунти Репа; излупени, исечени на четвртинки,
- И исечени
- Сол; по вкус
- Свежо мелен црн пипер; по вкус
- Сецкан свеж копар за гарнир; (изборен)

## Правци

а) Во тенџере со супа од 6 до 8 литри ставете ги исцедените грав, пилешкото, хоризото, шунката, солено свинско месо, кромидот, лукот, сосот од Ворчестершир, табаско сосот и водата.

b) Оставете да зоврие, а потоа намалете го да зоврие. Гответе, покриено, 45 минути.

c) Извадете ги парчињата пилешко од тенџерето и извадете ги коските. Оставете го месото на страна и исфрлете ги коските. Во тенџерето додадете ги останатите состојки освен солта, биберот и пилешкото. Варете поклопено 25 минути, а потоа посолете и побиберете.

d) Вратете го пилешкото месо во тенџерето и динстајте уште неколку минути. Одозгора со опционалниот копар.

17. Мексикански наут

Принос: 4 порции

Состојка

Наут с

- 1 фунта Наут
- 2 ½ литар Вода
- 2 супени лажици Солта

Тиква

- 2 ½ литар Вода
- 1¼ фунти Тиква -- или тиква исечена
- 6 унци Chorizo -- парчиња со големина на залак

Софрито

- 1 кафена лажичка Растително масло
- ½ унца Сушена шунка -- исечена на коцки
- 1 Кромид - сецкан
- 1 Зелена пиперка
- 3 Слатки чиле пиперки
- 2 Каранфилче лук
- 6 Свежи листови од цилинтро
- ¼ кафена лажичка Оригано -- здробено
- ¼ чаша Сос од домати
- 1 лажица Солта

Правци

a) Исцедете го наутот, исплакнете го и ставете го во големо тенџере, заедно со тиква, хоризо и 2½ литри вода. Брзо доведете до вриење, покријте го и варете на умерен оган 1 ½ час или додека наутот не е речиси омекнат.

b) Откријте, испасирајте ја тиквата и додајте софрито, сос од домати и сол.

c) Се меша и се вари на умерен оган, без покривка, околу 1 час или додека сосот не се згусне по вкус.

## 18. Мексиканско пилешко со ориз

Принос: 6 порции

## Состојка

- 4 супени лажици Маслиново масло
- 1 Цело пилешко; се сече на 8 парчиња
- 1 голема Кромид; сецкани
- 1 Зелена пиперка; сецкани
- 2 супени лажици Каперси
- ¼ чаша маслинки; мали, пименто полнети
- 1 чаша Сос од домати
- 1 лажица Оригано
- 1 кафена лажичка Снегулки од црвена пиперка
- 3 Каранфилче лук; мелено
- 3 чаши Ориз; долго жито
- 4 ½ чаша Пилешко месо
- ½ чаша Магдонос; сецкани
- ½ чаша Грашок; варен
- 3 супени лажици Пимиенто; сецкани

## Правци

a) Во тенџере или холандска рерна доволно голема за да ги собере сите состојки, загрејте го маслото и зарумете го пилешкото од сите страни. Покријте, намалете ја топлината и динстајте околу 15 минути.

b) Додадете го кромидот и зелениот пипер и варете 4 минути. Додадете ги каперсите, маслинките, сосот од домати, ориганото, снегулките бибер и лукот и варете уште 4 или 5 минути.

c) Додадете го оризот и добро измешајте ја смесата. додадете го пилешкиот супа и магдоносот и промешајте. Покријте го тенџерето, намалете ја топлината и динстајте приближно 20 минути или додека течноста не се впие и оризот не омекне.

d) Украсете со грашок и пименто и послужете.

## 19. Мексиканско свинско месо и грав

Принос: 4 порции

## Состојка

- 1 лажица Масло од канола
- 6 Резервни ребра од свинско филе
- 1 средно Морков - коцки 1/2".
- 2 медиуми Кромид -- исечкан на коцки
- 6 Каранфилче лук
- 3 ловоров лист
- 1 кафена лажичка Оригано
- 1 фунта Може цели домати
- 1 мала Јалапено пиперка -- сечкана
- 2 лажички Солта
- 1 фунта Сушен грав
- 1 куп Цилантро

## Правци

a) Загрејте го маслото во цврсто тенџере. Кога е жешко, во еден слој го додаваме свинското месо и го вариме на средна температура околу 30 минути, вртејќи го додека не порумени од сите страни. Додадете 4 чаши ладна вода и сите преостанати состојки освен исечканите листови цилинтро.

b) Оставете да зоврие, намалете ја топлината на минимум, покријте и варете нежно $1+\frac{3}{4}$ до 2 часа, додека месото не омекне.

c) Поделете на четири поединечни чинии, посипете ги со исечканите листови цилинтро и послужете со жолт ориз.

20.     Мексикански црвен грав и ориз

Принос: 4 порции

## Состојка

- ¼ чаша Маслиново масло
- 2 чаши Сецкан кромид
- 1 лажица Мелено лукче
- 1 фунта Сушен црвен грав; исплакнат, натопени; и исцеден (до)
- 5 чаши Пилешка супа
- 2 ловоров лист
- 1 Парче стапче цимет
- Сос од лута пиперка по вкус

## Правци

a) Загрејте го маслото во голем тежок тенџере. Додадете го кромидот и пржете, мешајќи, додека не се премачка со масло. Покријте и варете на многу тивок оган, повремено мешајќи, додека не порумени, околу 15 минути. Промешајте го лукот и пржете, без покривка, 3 минути.

b) Во кромидот додадете ги гравот и супата. Загрејте до вриење и варете, покриено, на тивок оган 2 часа. Додадете ги ловоровите листови и циметот. Покријте и продолжете да готвите додека гравот не стане многу мек, околу 1 час повеќе.

c) Зачинете со сол и сос од лута црвена пиперка. Гравот може да се подготви до 24 часа пред сервирањето. Повторно загрејте додавајќи дополнителна супа доколку е потребно.

21. Мексикански ориз со пилешко

Принос: 8 порции

**Состојка**

- 2½ фунти Парчиња пилешко
- 2 Бибер во зрна (цел црн пипер)
- 2 Каранфилче лук излупени
- 1 кафена лажичка Сушено оригано (преф. свежо)
- 4 ½ лажичка Солта
- 2 лажички Маслиново масло
- 1 кафена лажичка Оцет
- 1 лажица Сало или растително масло
- 1-унца Солено свинско месо
- 2 унци Посна изматена шунка (измијте и исечете ги на коцки солени свинско и шунка)
- 1 Кромид излупен
- 1 Зелен пипер, со семе
- 3 Слатки чили пиперки, со семиња
- 1 Домати
- 6 Свежи листови цилинтро (исечкајте сè на мали парчиња)
- ½ лажичка Солта
- 10 Маслинки полнети со пиментос
- 1 лажица Каперси
- ¼ чаша Сос од домати
- 2 супени лажици Масно или „боење со ахиоти"
- 3 чаши Ориз
- 1 конзерва (17 oz.) зелен грашок
- 1 конзерва (4 oz.) pimientos

# Правци

a) Измијте го пилешкото и поделете го секое парче пилешко на два дела. Исушете и тријте со зачините вклучени во Б. Ставете во фрижидер преку ноќ.

b) Во тежок котел, загрејте маснотии и брзо заматете ги солените свинско месо и шунка. Намалете на умерено и додадете пилешко. Гответе 5 минути.

c) Намалете ја топлината на минимум. Додадете ги состојките и пржете 10 минути со повремено мешање.

d) Во меѓувреме исцедете ја течноста од лименката грашок во мерна чаша и доволно вода за да направите $2\frac{1}{2}$ чаши, ако се користи обичен ориз или $3\frac{1}{2}$ ако се користи долг ориз. Резервирајте грашок. Загрејте ја течноста и почекајте.

e) Додадете ги во котел Состојките и измешајте на умерен оган 2 минути.

f) Додадете жешка течност во котел и добро измешајте и варете го на умерен оган додека не се исуши оризот.

g) Со вилушка свртете го оризот од долу нагоре.

h) Покријте го котелот и варете на тивок оган 40 минути. На половина пат во овој период на готвење превртете го оризот повторно.

i) Додадете грашок, свртете го оризот уште еднаш и покријте, варете 15 минути на тивок оган.

j) Лажица ориз во чинија за сервирање.


k) Загрејте ги пиментосите во нивните сокови, исцедете го и украсете го оризот.

l) Послужете одеднаш.

22. Мексикански ориз со гулаб грашок

Принос: 8 порции

Состојка

- ½ фунти Сушени гандули (гулаб грашок); исплакнат
- 3 чаши Вода
- 1-унца Сол свинско месо; ситно сецкани
- 2 чешниња лук; излупени и здробени
- 1 лажица Маслиново масло
- 1 средно Црвена пиперка; со јадро, семе,
- И ситно сецкани
- 1 средно Зелена пиперка; со јадро, семе,
- И ситно сецкани
- 1 средно Жолт кромид; ситно сецкани
- 1 средно Домат; ситно сецкани
- 1 лажица Маслото Анато
- 1 чаша Претворен ориз на вујко Бен
- Свежо мелен црн пипер; по вкус
- 2 чаши Ладна вода
- Сол; по вкус

Правци

a) Во мало тенџере ставете ги гандулите и 3 шолји вода да зовријат. Покријте, исклучете го огнот и оставете да отстои 1 час.

b) Исцедете го грашокот, резервирајте ја водата. Во тенџере од 6 литри, пржете ги солените свинско месо, шунката и лукот во маслиново масло неколку минути. Додадете ги и пиперките и кромидот, покријте и варете на средна топлина додека кромидот не почне да станува транспарентен.

c) Додадете ги доматите, исцедените гандули и 1½ шолја од резервираната вода. Варете, покриено, на тивок оган 15 минути додека грашокот не омекне и не исчезне поголемиот дел од течноста.

d) Измешајте го маслото Анато, оризот, црн пипер и 2 чаши ладна вода.

e) Оставете да зоврие и динстајте, покриено, 15 до 20 минути додека течноста не се апсорбира и оризот не омекне. Посолете ако е потребно.

23. Мексиканска мисирка

Принос: 1 порција

Состојка

- Турција
- 12 Каранфилче лук
- 10 лажички Суво мексиканско оригано
- 12 лажички Маслиново масло
- 12 лажички Црвен вински оцет
- 1 кафена лажичка Солта
- ½ лажичка Бибер

Правци

a) Во блендер испасирајте 12 чешнина лук, 10 лажички суво мексиканско оригано, 12 лажици маслиново масло, 12 лажички црвен вински оцет, 1 лажичка сол и ½ лажичка бибер. Оваа смеса ќе биде околу конзистентноста на мајонезот.

b) Потоа, со смесата „извалкајте" ја внатрешната и надворешната страна на мисиркините гради, користејќи ја целата. Ставете го во тавче, цврсто поклопете и печете на 350~ ½ час.

c) Откријте и продолжете со печење додека не омекне (времето ќе зависи од големината на градите или птицата). На секои 15 минути намачкајте со соковите од тавата.

## 24. Мексиканска морска храна асопадо

Принос: 1 порција

Состојка

- 1 Кромид; на коцки
- 1 Црвена пиперка; на коцки
- 1 Зелена пиперка; на коцки
- 2 Парчиња целер; на коцки
- Лушпи од ракчиња од јадење со ориз
- Лушпи од јастог од јадење со ориз
- ½ чаша бело вино
- ½ чаша Сос од домати
- 2 литри Вода
- 1 Кромид; на коцки
- 1 Црвена пиперка; на коцки
- 1 Зелена пиперка; на коцки
- 2 Печени пиперки; на коцки
- 2 чаши Ориз
- 8 чаши Залиха од морска храна
- ½ фунти Месо од рак
- 1 нотка Шафран
- 1 фунта Јастог; на пареа
- ½ фунти Ракчиња
- ½ чаша Сладок грашок

Правци

а) Пропржете го кромидот, биберот и целерот. Додадете лушпи и варете 5 минути. Додадете бело вино и сос од домати. Додадете вода и динстајте 45 минути. Вирус и резерви залиха.

b) Се динстаат кромидот, пиперките и се додаваат печените пиперки. Додадете ориз и пржете додека не стане проѕирен

c) Додадете супа од морска храна, месо од рак и шафран, варете околу 15 минути на тивок оган. Додадете јастог, ракчиња и сладок грашок. Загрејте 3 минути пред сервирање

## 25. Домашно веганско хоризо

Порции: 15 oz.

## Состојки

- 1 блок (12 oz.) тофу, дополнително цврсто
- ½ lb Печурки, ситно сецкани
- 6 Чиле гуахило, сушено, со семе
- 2 Чиле анчо, сушено, со семе
- 4 Чиле де Арбол, сушени
- 4 чешниња лук
- 1 лажица масло. Оригано, сушено
- ½ лажиче. Ким, мелен
- 2 каранфилчиња, цели
- 1 лажица масло. Папрака, мелена
- ½ лажиче. Коријандер, мелен
- 2 лажици. Растително масло, по избор

## Правци

a) Извадете го тофуто од пакувањето и ставете го помеѓу две мали чинии. Врз чинииите ставете лименка и оставете вака 30 мин.

b) Оставете мало тенџере со вода да зоврие. Отстранете ги стеблата и семките од чили и фрлете ги. Ставете ги чилите во врела вода. Намалете ја топлината на најниската поставка и оставете ги чилите да седат во вода 10 мин.

c) Извадете ги чилите од водата и ставете ги во блендер. Резервирајте ½ чаша од течноста за натопување на чили.

d) Додадете го лукот, ориганото, кимот, каранфилчето, пиперката, коријандерот и ¼ шолја кисна течност во блендерот и обработете додека не се изедначи. Доколку е потребно, додајте ја преостанатата ¼ шолја од течноста за натопување за работите да се движат во блендерот.

e) Зачинете ја смесата со чили со сол и бибер и поминете низ ситно цедалка. Стави на страна.

f) Исцедете ја водата од тофуто и урнете со раце во голем сад. Истурете половина од пасираната смеса со чили во садот со тофуто и измешајте да се соедини. Стави на страна.

g) Загрејте голема тава на силен оган и додадете 1 лажица масло. на нафта. Откако маслото ќе се загрее, додадете ги ситно сечканите печурки и продолжете со варење додека печурките не почнат да зарумени, околу 6-7 мин.

h) Намалете ја температурата на средно-ниска и истурете ја преостанатата половина од смесата со чили. Промешајте и продолжете да готвите 3-4 минути, додека печурките не почнат да ја впиваат смесата со чили. Извадете го од тавата и ставете го во голем сад.

i) Загрејте нелеплива тава поставена на средна температура, додадете 1 лажица масло. на нафта. Додадете ја смесата со тофу и продолжете да готвите додека течноста не почне да испарува и тофуто не стане крцкаво, 7-8 минути. Можете да го направите тофуто крцкаво колку што сакате. (Внимавајте да не ја преполните тавата или тофуто никогаш нема да стане крцкаво.)

j) Сварената смеса од тофу истурете ја во садот со печурките и добро измешајте да се соедини. Прилагодете ги зачините.

26. Кремасти тестенини Chipotle

Порции: 2 порции

## Состојки

- 1/2 чаша Бадеми, цели, сурови
- 1/4 чаша бадемово млеко, незасладено (или растително масло)
- 1 пиперка Chipotle во Adobo, (само една од пиперките во конзервата)
- 1 чешне Лук
- 3/4 чаша Вода
- 1/2 чаша Домат, печен на оган
- 1 лажица масло. Сок од лимон, свеж
- 1/2 фунта Шпагети, интегрална пченица
- 1 лажица масло. Цилантро сецкан

## Правци

a) Ставете ги бадемите, бадемовото млеко, водата, чипот, чешнето лук, печениот домат и сокот од лимон во блендер и обработете ги додека не се изедначи. Зачинете со сол и бибер.
b) Сварете ги тестенините според упатствата на кутијата. Исцедете ги и ставете ги во поголем сад.
c) Прелијте ги тестенините со сос од чипотле и добро измешајте.
d) Послужете со сецкан цилинтро одозгора.

27. Цекфрут веган Позоле Рохо

Порции: 6 порции

### Состојки
- 1 конзерва Бела хомони, исцедена, исплакната
- 3 литри Залиха од зеленчук
- 5 Чиле гуахило, сушено, со стебло и со семиња
- 2 Чиле анчо, сушено, со стебло и со семе
- 5 Чиле де Арбол, сушени, со стебло и со семиња
- 6 чешниња лук
- ½ кромид, бел
- 1 лажица масло. Растително масло
- 2 лименки Млада зелена џекфрут саламура, исцедена
- 1 тиквичка, средна, исечкана на коцки

### Додатоци
- 1 бел кромид, мал, мелен
- 6 црвени ротквици, исечени на палки
- 2 лажици. Оригано, сушено
- ½ зелена зелка, со јадра, тенко исечена
- 4 лимети исечени на четвртинки

### Правци
a) Во големо тенџере, измешајте ги густинот од зеленчук и хомонинот и оставете да се варат на МАЛО.
b) Додека хоминот се крчка, извадете ги стеблата и семките од чиле анчо, Арбол и гуахило. Исплакнете и ставете во средно тенџере со вода.
c) Оставете го тенџерето да зоврие на средно-силен оган. Намалете ја топлината и динстајте 10 мин.
d) Исцедете ги чилите, но резервирајте 1 ½ шолја чиле вода. Ставете ги чилите, лукот и кромидот во блендерот,

додадете ја чиле водата и измешајте додека не се изедначи. Вирус.

e) За да го подготвите џекфрутот, исцедете го џекфрутот, исплакнете го и тапкајте го со хартиени крпи. Исечете го јадрото на џекфрутот (врвот на парчињата триаголник) и исечете ги парчињата на половина. Загрејте 1 лажица масло. масло во голема тава за пржење на средна температура. Додадете го џекфрутот и варете 3-4 минути од секоја страна или додека не почне да порумени. Истурете го чиле сосот врз џекфрутот и намалете ја топлината на ниско-средна. Варете 10 минути или додека џекфрутот не почне да се распаѓа и сосот не се згусне малку. Користете вилушка за да го исецкате џекфрутот додека се готви. Зачинете со сол и бибер.

f) Вашиот хомони треба сè уште да врие многу бавно. Извадете една чаша од смесата од хомони-зеленчук и измешајте додека не се изедначи. Истурете го ова назад во тенџерето со хомони

g) Подигнете ја топлината на средно-ниско, и додајте ги тиквичките и изренданиот џекфрут со сосот. Оставете да врие 8-10 минути или додека тиквичките не омекнат. Зачинете по вкус со сол и бибер.

h) Послужете ја вашата позола со сите додатоци на страна.

28.     Мексиканска супа од „ќофтиња".

Порции: 6 порции

## Состојки

- 1 домат, средно исечен на коцки
- 1/4 бел или жолт кромид, исечкан на коцки
- 2 моркови, средни
- 1-2 стебленца целер
- 2-3 Калоро жолти пиперки
- 3 Компири, мали, исечени на четвртинки
- 1 мексиканска тиквичка, мала
- 3 гранчиња Цилантро
- 6-8 листови нане, ситно сецкани
- 1 лажица масло. Масло од авокадо
- 1 пакување Следете го вашето срце вегански јајца пакет
- 1/3 чаша бел ориз, долго зрно, суров
- 1 лажиче. Црн пипер
- 1 лажиче. Лук сол
- 2 лажици. Подобро од база на бујон без пилешко

## Правци
### За да направите супа:

а) Поставете големо тенџере за супа на средна топлина. Додадете 1 лажица масло. масло и во тенџерето додадете го кромидот. Оставете го кромидот да се готви 2-3 минути или додека не стане мек и проѕирен. Додадете домат и варете уште 3 минути.

b) Истурете доволно вода во тенџерето за да се наполни 1/2. Оставете да зоврие. Додадете подобра од базата од бујон без пилешко, и сол и бибер по вкус (биберот е по избор).

### Подготвување на ќофтиња

c) Во голем сад измешајте 1 лажиче. црн пипер, 1 лажиче. лук сол, 1/3 чаша бел ориз и сечкано нане. Добро измешајте.
d) Следете ги упатствата на пакувањето со веганските јајца и направете околу 2 вегански јајца. Во смесата за ќофтиња додадете половина од смесата со јајца и убаво измешајте. Погрижете се смесата да биде доволно јајце за да ги обликувате ќофтињата. Доколку е потребно, додадете повеќе од смесата со вегански јајца додека не ја добиете саканата конзистентност.
e) Со раце формирајте 8-10 ќофтиња. Додадете ги во супата што врие.
f) Клучно е да не се мешаат премногу ќофтињата или ќе се распаднат. Гответе 15 минути или така.
g) Додека се варат ќофтињата, исечкајте ги морковите, целерот и тиквичките на мали коцки. Направете четвртини сечи за компирот.
h) Во тенџерето додадете ги исечканите моркови, целерот, тиквичките, компирот и жолтите пиперки (не исечкајте). Намалете ја топлината на средно-ниска додека зеленчукот не се свари. Покријте го тенџерето и оставете го да се готви темелно заедно околу 15 минути.
i) Додадете цилинтро за допир и оставете да се готви неколку минути и треба да имате вегански албондига! Не заборавајте на топлите тортиљи! Или дури и парчиња авокадо!

29. Крт Chilaquiles со зеленило и грав

Порции: 4 порции

## Состојки
- Марула

**Зеленило и грав:**
- ¼ чаша Вода
- 2 чешниња лук, мелено
- 8 oz. Спанаќ, (околу 1 кесичка)
- 1 конзерва (14 oz.) Црн грав, исцеден

**Сос:**
- 1 тегла (7,2 oz. ) Крт Поблано
- 2 чаши Зеленчук

**Додатоци**
- Крем со бадеми
- Веганска Кесо Котија
- 1 бел кромид, исечен на многу тенки прстени

## Правци
a) Загрејте ја рерната на 400°F. Ставете триаголник за тортилја на два плехови обложени со пергамент и печете 15 до 20 минути додека не станат крцкави. Извадете го од рерна и оставете го на страна. (Можете и да ги пржете во тавче со тешко дно до златно кафеава боја или да купите кесичка чипс.)
b) Зеленило и грав:
c) Загрејте голема тава за соте на средна топлина и истурете ¼ чаша вода. Додадете лук и варете 1 минута. Додадете спанаќ и измешајте.
d) Откако спанаќот ќе се свари (околу 2 минути) додадете црн грав. Зачинете со сол и бибер.

**Сос:**

e)  Поставете големо тенџере на средна топлина, додадете 1 чаша супа од зеленчук и паста од кртови. Промешајте.
f)  Откако ќе се раствори кртската паста и смесата ќе почне да крчка, додадете ја втората шолја супа од зеленчук. Се чини дека бенката е премногу тенка, но штом бенката макар малку се излади, се згуснува. Оставете да зоврие, измешајте и тргнете го од оган.
g)  Спојување на сето тоа заедно
h)  Проверете дали вашата бенка е вистинската конзистентност, треба да биде конзистентност на тенка крем супа, по потреба прилагодете ја со супа од зеленчук.
i)  Додадете чипс, а зелените и гравот во тенџерето со кртот. Добро измешајте да се премачка. Послужете веднаш и одозгора со крем од бадем, веганска кесо котија и кромид.

30. Торта Ахогада

Порции: 2 торти

## Состојки
**Торти:**
- 2 ролни Болило или багети долги 6 инчи, поделени на половина
- 1 шолја Загреан грав, користејќи црн грав
- 1 Зрело авокадо, без јами, излупено

**Сос:**
- 30 Chiles de Arbol, со стебло, семе и рехидрирано
- 3 чешнија лук
- 1 чаша Вода
- 1 лажиче. Сушено мексиканско оригано
- 1/2 лажиче. Мелен ким
- 1/2 лажиче. Свежо мелен црн пипер
- 1/8 лажиче. Мелени каранфилчиња
- 1 лажиче. Солта

**Гарнитури:**
- 2 ротквици, тенко исечени
- 8 до 12 Бел кисела кромид, поделена на прстени
- Варови клинови

## Правци
**Торти**

a) Лесно напечете ги кифличките или багетите. Загрејте го гравот и рамномерно распоредете го во секој ролат. Додадете ги парчињата авокадо. Ставете ги сендвичите во чинии.

**Сос:**

b) Во блендер или процесор за храна, испасирајте ги рехидрираните чили, лукот, водата мексиканско оригано, ким, бибер, каранфилче и сол. (Ако сакате многу мазен сос, процедете.)

c) Сендвичите прелијте ги со сосот. Украсете ги сендвичите со исечканите ротквици и кисела кромид и послужете ги со парчиња лимета. Јадете ги овие торти со вилушка и многу салфетки.

## 31. Мексикански каубојски грав

Порции: 6 порции

## Состојки
- ½ фунта пинто грав, сушен
- 1 кромид, бел, голем
- 3 чешниња Лук, мелени
- 2 гранчиња Цилантро
- ¼ чаша супа од зеленчук или вода
- 6 oz. (3/4 чаша) Веганско хоризо
- 2 Серано чили, мелено
- 1 домат, голем, исечкан на коцки

## Правци
a) Потопете грав во вода преку ноќ.
b) Следниот ден процедете ги и ставете ги во поголемо тенџере. Истурете доволно вода во тенџерето за да се наполни ¾ од патот.
c) Исечете го кромидот на половина. Ставете ½ кромид, гранчиња цилинтро и 3 чешниња лук во тенџерето со гравот. Резервирајте ја другата половина од кромидот.
d) Доведете ја водата да зоврие и оставете ги гравот да се варат додека не омекнат, приближно 1 ½ час.
e) Додека гравот се готви, загрејте голема тава на средно-висока температура. Додадете chorizo и пржете додека малку заруменат, околу 4 минути. Додека се готви хоризото, исечете ја другата половина од кромидот.
f) Извадете го chorizo од тавата и оставете го на страна. Додадете ¼ шолја вода, кромидот исечкан на коцки и пиперките Серано во тавата. Потете ги кромидот и лутите додека не станат меки и прозирни околу 4-5 минути. Додадете домат и оставете да се готви уште 7-8

минути или додека доматот не се распадне и не ги ослободи сите негови сокови.
g) Додадете ја оваа смеса и хоризото во тенџерето со грав и оставете да врие уште 20 минути или додека гравот целосно не омекне. Зачинете по вкус со сол и бибер.
h) Пред сервирање, извадете го половината кромид, гранчето цилинтро и чешнињата лук од гравот. Зачинете со сол и бибер

32.     Мексикански кафеав ориз

Порции: 3 порции

## Состојки
- 1 чаша кафеав ориз, долго зрно
- ¼ Кромид, бел
- 3 чешниња Лук
- 1 ½ чаша Домат, исечен на коцки
- 1 лажица масло. Доматно пире
- 1 ½ шолја Зеленчук, супа или супа
- ½ лажиче. Сол, кошер
- 1 чаша грашок, замрзнат

## Правци
a) Потопете го кафеавиот ориз во ладна вода преку ноќ.
b) Исцедете го оризот. Поставете средно тенџере на средна температура и додадете го оризот. Често мешајте и оставете го ориз да тост додека не порумени, околу 8-10 мин.
c) Во меѓувреме измешајте ги доматите, кромидот, лукот и доматната паста додека не се израмни. Вирус. Треба да завршите со 1 чаша пире. Ако не, додадете доволно зеленчук за да направите една чаша.
d) Во тенџерето со оризот истурете го доматното пире и оставете да се динста 2 минути. Додадете 1 ½ шолја супа од зеленчук. Додадете ½ лажичка сол и измешајте. Покријте и намалете ја топлината на тивок оган. Оставете да се готви 35-40 минути.
e) Тргнете ја тавата од оган и оставете да отстои покриено 7 минути.
f) Во меѓувреме испуштете го грашокот во врела вода додека не омекне, околу 1 минута, исцедете го.

ѓ) Додадете грашок во оризот и пената со вилушка.

## 33. Ароз а ла Мексикана

8 порции

## Состојки
- 2 чешниња лук, сецкани
- 1 лажичка сол
- 2-1/3 чаши пилешка супа со малку натриум
- 1/4 чаша екстра девствено маслиново масло
- 1-1/2 чаши ориз со долго зрно
- 1/3 чаша мелени домати печени на оган или заменете го доматен сос
- 1/3 чаша излупен и рендан морков
- 1 чаша исечен бел кромид, дебел 1/4 инчи
- 1 чаша исечен, со семе Поблано чиле, 1/4 инчи дебел 1/4 чаша замрзнат грашок

## Правци
a) Подгответе ја супата. Во блендер се ставаат лукот и солта, се додава 1 шолја од супата и се пасира. Додадете го остатокот од чорбата и повторно измешајте за да се измеша темелно. Резервирај.

b) Пропржете го оризот. Загрејте големо тенџере (јас сакам да користам холандска печка од леано железо) на средна топлина, додадете го маслиновото масло и измешајте го оризот. Гответе го оризот со често мешање додека не добие златно кафеава боја. Доколку е потребно, намалете ја топлината за да не се запали. Кога ќе биде готово, за 5-8 минути, ќе слушнете звук како песок што се фрла во метален сад.

c) Гответе го сосот во оризот. Измешајте ги искршените домати или сос од домати во заматениот ориз, свртете ја топлината на средно или малку над и варете, речиси постојано мешајќи, додека не се приближи.
d) целата течност испари и зрната ориз повеќе не се лепат заедно, околу 5 минути. Ова е многу важно, бидејќи колку повеќе течност испарила, толку полесен ќе биде оризот.
e) Отпрвин ќе мислите дека тоа никогаш нема да се случи, но ќе се случи. Кон крајот, дел од оризот може да почне да гори. Малку од тоа додава на вкусот, но намалете ја топлината за да го минимизирате.
f) Сварете го оризот. Смесата од чорбата кратко изблендирајте ја и истурете ја во тенџерето со оризот. Подигнете ја топлината на високо ниво и додадете ги морковите, исечканиот кромид, побланото и замрзнатиот грашок. Оставете ја супата да зоврие, покријте го тенџерето, намалете ја топлината колку што можете за да ја задржите чорбата да врие и варете 15 минути.
g) Тргнете го тенџерето од оган и оставете го оризот на пареа 10 минути. Отстранете го капакот и нежно измешајте го оризот со вилушка за да ги одвоите зрната. Покријте го тенџерето и оставете го оризот на пареа уште 10 минути.

**34.** Шафран ориз

8-10 порции

## Состојки
- 1 прстофат (околу 1/4 спакувана лажичка) нишки од шафран
- 3 чаши пилешка супа со малку натриум
- 4 чешниња лук, мелено
- 1 лажичка сол
- 1/2 лажица свежо исцеден сок од лимета
- 2 лажици екстра девствено маслиново масло
- 1-1/2 шолји ориз од јасмин или замена на добар ориз со долго зрно 1/4 чаша мелен бел кромид
- 1 средно серано чиле, извадени семки и вени и мелено
- 2 лажици ситно сечкан магдонос

## Правци
a) Намачкајте ја супата со шафран. Ставете го шафранот во сад отпорен на топлина. Доведете 1 чаша супа само да зоврие и прелијте со шафранот. Чувајте ја смесата најмалку 15 минути.
b) Направете го остатокот од течноста за готвење. Ставете 3 од мелените чешниња лук и солта во блендер, додајте ги преостанатите 2 шолји супа и сок од лимета и матете додека не се исчисти.
c) Сварете го оризот во масло. Додадете го преостанатото мелено чешне лук, кромидот и чилито во оризот и мешајте 1 минута.
d) Промешајте ја смесата од блендираната супа и супата со шафран и доведете ја до вриење. Покријте го тенџерето, намалете го огнот што е можно пониско додека течноста се чува на средно тивко и варете го оризот 15 минути.

e) Завршете го оризот. Тргнете го тенџерето од оган и оставете го оризот на пареа, покриен, 10 минути. Отстранете го капакот и внимателно измешајте го оризот со вилушка за да се одвојат зрната. Промешајте го магдоносот, ставете го капакот и оставете го оризот да отстои уште 10 минути пред да го послужите.

35.     Ароз Хуерфано

8-10 порции

## Состојки
- Шафран ориз
- 1 лажица замена за масло за јадење
- 1/2 чаша бланширани исечени бадеми
- 1/3 чаша борови ореви
- 3 унци шунка со помал натриум, ситно сечкана

## Правци
a) Испржете ги оревите. Додека се готви шафранскиот ориз, загрејте ја тавата на средна топлина. Додадете го маслото за јадење, а кога ќе се растопи додадете ги оревите.

b) Пропржете ги оревите со постојано мешање додека бадемите не почнат да добиваат златна боја. Тргнете ја тавата од оган, измешајте ја шунката и оставете ја на страна.

c) Завршете го оризот. Откако ќе го додадете магдоносот во шафранскиот ориз, измешајте ги сварените ореви и шунката, покријте го тенџерето и оставете го оризот на пареа последните 10 минути.

36. Frijoles de Olla (тенџере грав)

Околу 12 порции од половина шолја

## Состојки
- 4 литри вода
- 3 лажици сол
- 1 килограм пинто или црн грав
- 3 чешњиња лук, сецкани
- 1/3 чаша сецкан бел кромид
- 1 лажичка сушен лист оригано
- 1-квар вода, плус уште малку, доколку е потребно
- 2 гранчиња епазот (опционално со црн грав)
- Сол по вкус

## Правци
a) Загрејте и натопете го гравот. Ставете ги 4 литри вода, сол и грав во тенџере.
b) Оставете да зоврие, покријте го тенџерето, тргнете го од оган и оставете го гравот да отстои 1 час.
c) Фрлете ја кисната вода, темелно исплакнете го гравот, исплакнете го тенџерето и вратете го гравот во него.
d) Завршете го гравот. Во блендер ставете ги лукот, кромидот, ориганото и 1 шолја од водата и испасирајте ги. Додадете уште 3 чаши вода и кратко измешајте.
e) Изматената течност истурете ја во тенџерето со гравот, оставете да зоврие и додадете го епазотот, доколку користите. Варете ги гравот, покриен со исклучок на околу 1/2 инчи, или доволно за да излезе малку пареа, додека не омекнат.

37.     Charro или пијан грав

Околу 7 чаши или 14 порции од половина шолја

## Состојки
- Frijoles de Olla
- 1/2 лажица екстра девствено маслиново масло
- 1-1/2 унци (околу 3 лажици) мексиканско хоризо, излупено и ситно сечкано
- 3/4 чаша сецкан бел кромид
- 2 чешниња лук, ситно сецкани
- 1 лажица ситно сечкано Серано чиле
- 1 чаша мелени домати
- 1/2 лажица сушен лист оригано
- 1/4 чаша лабаво спакуван цилинтро

## Правци
a) Се динста и се додава зеленчукот. Кога Frijoles de Olla се речиси готови, загрејте го маслиновото масло во тава на средна топлина. Додадете го хоризото и варете додека не се исцеди поголемиот дел од маснотиите. Додадете го кромидот, лукот и чилето и продолжете со варењето само додека не почнат да омекнуваат.

b) Додадете ги доматите и ориганото и продолжете со варењето додека мелените домати не почнат да се згуснуваат и да го изгубат својот тенок вкус, околу 5 минути.

c) Додадете го цилинтрото и потоа истурете ја содржината на тавата во гравот.

d) Завршете го гравот. Додадете ја солта и динстајте 5 минути.

38. Frijoles Refritos (пржен грав)

4 порции од половина шолја

### Состојки
- 2 чаши Frijoles de Olla направени со пинто или црн грав, или малку солени или несолени грав, резервирана супа
- 1 чаша супа од грав
- 2 лажички мелено, чипот чиле
- 1/2 лажичка мелен ким
- 1/2 лажичка сушен лист оригано
- 2 лажици екстра девствено маслиново масло
- 2 чешниња лук, мелено

### Правци
a) Обработете го гравот. Ставете го гравот во процесор за храна и додајте ги супата, чипот чиле, кимот и ориганото. Процесирајте додека гравот не се изедначи, додавајќи повеќе супа ако изгледаат премногу густи.
b) Гответе го гравот. Загрејте тавче на средна топлина и додадете ги маснотиите или маслото. Додадете го лукот и оставете го да се готви само неколку секунди, а потоа додадете го пасираниот грав. Гответе, мешајќи постојано, додека зрната не се загреат и се дебели или тенки колку што сакате.
c) Послужете ги прелиени со сирењето, по желба.

39. Грав во стилот на Санта Марија

Околу 14 порции од половина шолја

## Состојки
- 1 фунта пинкито грав, натопени
- 1 лажица екстра девствено маслиново масло
- 1/2 чаша шунка со помал натриум, исечена на коцки од 1/4 инчи
- 3 чешниња лук, мелено
- 3/4 чаша мелени домати
- 1/4 чаша Чиле сос
- 1 лажица агава нектар или шеќер
- 2 лажици мелено магдонос

## Правци
a) Гответе го гравот. Исцедете ги гравот, ставете ги во тенџере и покријте ги со вода околу 1 сантиметар. Оставете да зоврие, делумно покријте го садот и динстајте додека не омекнат, 45-90 минути. Често проверувајте ги бидејќи веројатно ќе треба да додавате повеќе вода од време на време.
b) Подгответе го сосот за зачини.
c) Ставете го маслиновото масло во тава на средна топлина и додадете го лукот и варете 1 минута. Промешајте ги доматите, чиле сосот, нектарот од агава и сол и динстајте го сосот додека не почне да се згуснува, 2-3 минути.
d) Завршете го гравот. Кога гравот ќе омекне, исцедете ги сите освен околу 1/2 чаша од течноста и измешајте со сосот за зачини. Гответе го гравот 1 минута, измешајте го магдоносот и послужете.

# PAJAC

40. Загорен Рајас

## Состојки

- 2 лажици екстра девствено маслиново масло
- 1 среден бел кромид, исечен на парчиња 1/4 инчи
- 2 средни поблано чили, со стебло, со семе и исечени на парчиња од 1/4 инчи
- 3/4 лажичка кошер сол
- Свежо мелен црн пипер, по вкус
- Сок од 1/2 лимета или по вкус

## Правци

a) Загрејте тава од 12 инчи на средно-висока до висока топлина. Додадете ги маслиновото масло, кромидот и чилиот и варете со речиси постојано мешање, додека лутите не омекнат, не почнат да добиваат златна боја и малку јаглен.

b) Додадете ги солта, биберот и сокот од лимета, убаво измешајте и послужете.

## 41. Карамелизирани рајаси

## Состојки

- 2 лажици екстра девствено маслиново масло
- 2 средни бели кромидчиња, излупени, исечени на парчиња од 1/4 инчи 3/4 лажичка кошер сол
- 3 чешниња лук, тенко исечени
- 2 средни поблано чили, печени, излупени, со семиња и исечени на парчиња од 1/4 инчи
- Свежо мелен црн пипер, по вкус
- Сок од 1/2 лимета или по вкус

## Правци

a) Загрејте тава од 12 инчи на средна топлина. Додадете го маслиновото масло, кромидот и солта, што ќе му помогне на кромидот да ја ослободи течноста.

b) Гответе со често мешање додека кромидот не почне да добива боја, а потоа намалете ја топлината на средно-ниско. Продолжете полека да го готвите кромидот, често мешајќи и приспособете ја температурата за да не се горат, додека не добијат длабоко златно кафеава боја.

c) Додадете го лукот и печените чили Поблано и варете додека лукот и лукот не омекнат. Измешајте ги пиперките и сокот од лимета и послужете.

## 42. Бугарска пиперка раја

Принос: 6 порции

## Состојка
- ½ секоја зелена пиперка
- ½ секоја црвена пиперка
- ½ секоја жолта пиперка
- ¾ чаша сирење Монтереј Џек; Рендано
- 2 лажици сечкани зрели маслинки
- ¼ лажичка црвен пипер; Здробени

## Правци
a) Исечете ги лентите од пиперка попречно на половини.
b) Наредете во ненамачкана тава за пити отпорна на бројлери, 9 X 1¼ инчи или тркалезна тава 9 X 2 инчи. Посипете со сирење, маслинки и црвен пипер.
c) Поставете ја контролата на рерната да се вари. Сварете ги пиперките со врвовите на 3 до 4 инчи од топлина додека не се стопи сирењето, околу 3 минути.

43. Кремна раја

Принос: 1 порција

## Состојка
- ½ чаша маслиново масло
- 2 средни кромид, преполовен и исечен на парчиња од 1/4 инчи, по должина
- 4 средни црвени пиперки, печени, излупени, со семки и џулиенирани
- 1 чаша Тежок крем
- ¾ чаша рендано сирење Манчего или Монтереј Џек
- ⅔ шолја рендано сирење котија, романо или пармезан

## Правци
a) Во голема тава загрејте го маслото на средна топлина. Пропржете го кромидот со сол и бибер додека не почнат да венат и заруменат, 8 до 10 минути. Измешајте ги сомелените црвени пиперки и чили.

b) Истурете ја густата павлака, доведете до вриење и намалете ја на вриење. Гответе 4 минути или додека кремот не почне да се згуснува. Измешајте ги ренданите сирења и тргнете ги од оган. Послужете веднаш.

**44.** Рајас и печурки

Принос: 1 порција

**Состојка**
- 8 чили халапено
- 8 чаши печурки
- 1 кромид
- 4 чешниња лук
- 1 гранче епазот
- Нафта
- Солта

**Правци**
a) Добро измијте ги печурките. Исечете ги и пржете ги на тивок оган околу 10 минути за да им се извади сокот. Додадете сол. Исечете го кромидот. Исечкајте ги ситно чешнињата лук и епазотот.
b) Издлабете го чилито и исечете го (формирајќи раја или ленти).
c) Исцедете ги печурките и пропржете ги на малку масло заедно со кромидот, лукот, епазотот и чилито. Послужете со топли тортиљи.

# TAKOC

## 45. Pajac co Crema Tacos

## Состојки
### Полнење:
- 5 Поблано пиперки, печени, излупени, со семки, исечени на ленти
- 1/4 Вода
- 1 кромид, бел, голем, тенко исечен
- 2 чешниња Лук, мелено
- ½ чаша супа од зеленчук или супа

### Крем
- ½ чаша бадеми, сурови
- 1 чешне Лук
- ¾ чаша Вода
- ¼ чаша бадемово млеко, незасладено или растително масло
- 1 лажица масло. Свеж сок од лимон

## Правци
a) Загрејте голема тава на средна температура, додадете вода. Додадете го кромидот и испотете се 2-3 минути или додека не стане нежен и проѕирен.
b) Додадете лук и ½ шолја супа од зеленчук, покријте и оставете да се вари на пареа.
c) Додадете ги пиперките Поблано и оставете да се варат уште 1 минута. Зачинете со сол и бибер. Тргнете го од оган и оставете малку да се излади.
d) Ставете ги бадемите, лукот, водата, бадемовото млеко и сокот од лимон во блендерот и обработете ги додека не се изедначи. Зачинете со сол и бибер.
e) Врз изладениот фил прелијте ја кремата од бадеми и убаво измешајте.

46.     Сладок компир и морков Tinga Tacos

Вкупно време - 30 минути

## Состојки

- 1/4 чаша Вода
- 1 чаша тенко исечен бел кромид
- 3 чешниња лук, мелено
- 2 1/2 чаши рендан сладок компир
- 1 чаша рендан морков
- 1 конзерва (14 мл.) домати исечени на коцки
- 1 лажиче. Мексиканско оригано (по избор)
- 2 Chipotle пиперки во adobo
- 1/2 чаша супа од зеленчук
- 1 авокадо, исечено
- 8 тортиљи

## Правци

a) Во голема тава на средна топлина, додадете вода и кромид, варете 3-4 минути, додека кромидот не стане proѕирен и мек. Додадете го лукот и продолжете да готвите, мешајќи 1 минута.
b) Додадете сладок компир и морков во тавата и варете 5 минути со често мешање.
c) Сос:
d) Во блендерот ставете ги доматите исечкани на коцки, супа од зеленчук, оригано и пиперките чипотле и обработете ги додека не се изедначи.
e) Додадете сос од чипотли-домати во тавата и варете 10-12 минути, повремено мешајќи додека не се сварат слатките компири и морковот. Доколку е потребно, додадете уште супа од зеленчук во тавата.

f)  Послужете ги на топли тортиљи и одозгора со парчиња авокадо.

### 47.    Компир и Chorizo Tacos

Порции: 4 порции

### Состојки
- 1 лажица масло. Растително масло, по желба
- 1 чаша Кромид, бел, мелен
- 3 чаши Компири, излупени, исечени на коцки
- 1 чаша веганско хоризо, варено
- 12 тортиљи
- 1 чаша Вашата омилена салса

### Правци
a) Загрејте 1 лажица масло. масло во голема тава за пржење на средно-тивок оган. Додадете кромид и варете додека не стане мек и проѕирен, околу 10 минути.
b) Додека кромидот се готви, ставете ги исечените компири во мало тенџере со солена вода. Доведете ја водата да зоврие на висока температура. Намалете ја топлината на средно и оставете ги компирите да се варат 5 минути.
c) Исцедете ги компирите и додајте ги во тавата со кромидот. Свртете ја топлината на средно-висока. Гответе ги компирите и кромидот 5 минути или додека компирот не почне да кафеава. Додадете повеќе масло доколку е потребно.
d) Во тавата додадете го свареното хоризо и убаво измешајте. Гответе уште една минута.
e) Зачинете со сол и бибер.
f) Послужете со топли тортиљи и салса по ваш избор.

## 48. Летни такосови калабацитас

Порции: 4 порции

## Состојки
- 1/2 чаша супа од зеленчук
- 1 чаша Кромид, бел, ситно исечкан
- 3 чешниња Лук, мелено
- ¼ чаша супа од зеленчук или вода
- 2 тиквички, големи, исечени на коцки
- 2 чаши Домати, исечени на коцки
- 10 тортиљи
- 1 авокадо, исечено
- 1 чаша омилена салса

## Правци
a) Во големо тенџере со тешко дно, ставете го на средна топлина; испотете го кромидот во 1/4 чаша супа од зеленчук 2 до 3 минути додека кромидот не стане проѕирен.
b) Додадете лук и истурете ја преостанатата ¼ шолја супа од зеленчук, покријте ја и оставете ја на пареа.
c) Откријте, додадете тиквички и варете 3-4 минути, додека не почне да омекнува.
d) Додадете домат и варете уште 5 минути или додека целиот зеленчук не омекне.
e) Зачинете по вкус и послужете ги на топли тортиљи со парчиња авокадо и салса.

## 49. Зачинети тиквички и такос од црн грав

Порции: 4 порции

## Состојки
- 1 лажица масло. Растително масло, по желба
- ½ бел кромид, тенко исечен
- 3 чешниња Лук, мелено
- 2 мексикански тиквички, големи, исечкани на коцки
- 1 конзерва (14,5 oz.) Црн грав, исцеден

Чиле де Арбол сос:
- 2 - 4 Чиле де Арбол, сушен
- 1 чаша бадеми, сурови
- ½ Кромид, бел, голем
- 3 чешниња Лук, неизлупени
- 1 ½ шолја Зеленчук, топол

## Правци
a) Загрејте растително масло на средна топлина во голема тава за пржење. Додадете го кромидот и испотете се 2-3 минути или додека кромидот не стане мек и проѕирен.
b) Додадете ги чешнињата лук и варете 1 минута.
c) Додадете ги тиквичките и варете ги додека не омекнат, околу 3-4 минути. Додадете го црниот грав и убаво измешајте. Оставете да се готви уште 1 минута. Зачинете со сол и бибер.
d) За да го направите сосот: загрејте ја решетката, комалната или тавата од леано железо на средно-висока топлина. Тост чиле од секоја страна додека не се потпече лесно, околу 30 секунди од секоја страна. Извадете го од тавата и оставете го на страна.

e) Додадете ги бадемите во тавата и тостирајте додека не поруменат, околу 2 минути. Извадете го од тавата и оставете го на страна.
f) Потпечете го кромидот и лукот додека малку да се јагленисаат, околу 4 минути од секоја страна.
g) Во блендерот ставете ги бадемите, кромидот, лукот и чилито. Додадете ја топлата супа од зеленчук. Процесирајте додека не се изедначи. Зачинете со сол и бибер. Сосот треба да биде густ и кремаст.

## 50. Тако од говедско месо во стил на бафало

## Прави 4 порции

### Состојка

- 1 килограм мелено говедско месо (95% посно)
- 1/4 чаша сос од кајен пипер за бафало крилја
- 8 тако школки
- 1 шолја тенко исечена зелена салата
- 1/4 чаша со намалени маснотии или обичен подготвен прелив за сино сирење
- 1/2 чаша рендан морков
- 1/3 чаша сецкан целер
- 2 лажици сецкан свеж цилинтро
- Стапчиња од морков и целер или гранчиња цилантро (по избор)

### Правци

a) Загрејте голема нелеплива тава на средна топлина додека не се загрее. Додадете мелено говедско месо; варете 8 до 10 минути, кршејќи ги на мали парчиња и повремено мешајќи. Извадете го од тавчето со дупче лажица; истурете капе. Вратете се во тавата; измешајте со сос од пиперка. Гответе и мешајте 1 минута или додека не се загрее.
b) Во меѓувреме, загрејте ги тако школките според
c) упатствата на пакетот.
d) Рамномерно ставете ја смесата од говедско месо во тако школки. Додадете зелена салата; наросете со прелив. На врвот рамномерно со морков, целер и цилинтро.
Украсете со стапчиња од морков и целер или гранчиња цилантро, по желба.

## 51. Говедско тако обвивки

Прави 4 порции

## Состојка

- 3/4 фунта тенко исечено суво печено говедско месо
- 1/2 чаша црн грав без маснотии
- 4 големи (со дијаметар од околу 10 инчи) брашно тортиљи
- 1 шолја тенко исечена зелена салата
- 3/4 чаша сецкан домат
- 1 чаша рендано зачинето тако сирење со намалени маснотии
- Салса

## Правци

a) Рамномерно намачкајте го натопениот црн грав преку едната страна од секоја тортиља.

b) Слој суво печено говедско месо над натопи грав, оставајќи 1/2-инчен раб околу рабовите. Над секоја тортиља посипете еднакви количини зелена салата, домат и сирење.

c) Преклопете ја десната и левата страна кон центарот, преклопувајќи ги рабовите. Преклопете го долниот раб на тортиљата нагоре преку филот и расукајте затворено.

d) Секоја ролна пресечете ја на половина. Послужете со салса, по желба.

52. Тако од говедско месо на скара во стилот на Карнитас

Прави 6 порции

## Состојка

- 4 говедски рамни железни стекови (околу 8 унци секоја)
- 18 мали тортиљи од пченка (пречник од 6 до 7 инчи)

Додатоци:
- Мелено бел кромид, сецкан свеж цилинтро, клинови
- лимета

Маринада:
- 1 чаша подготвена салса од доматило
- 1/3 чаша сецкан свеж цилинтро
- 2 лажици свеж сок од лимета
- 2 лажички мелено лук
- 1/2 лажичка сол
- 1/4 лажичка бибер
- 1-1/2 чаши подготвена салса од доматило
- 1 големо авокадо, исечено на коцки
- 2/3 чаша сецкан свеж цилинтро
- 1/2 чаша мелено бел кромид
- 1 лажица свеж сок од лимета
- 1 лажичка мелено лук
- 1/2 лажичка сол

## Правци

a) Комбинирајте ги состојките за маринадата во мал сад. Ставете ги говедските стекови и маринадата во пластична кеса што е безбедна за храна; претворете ги стековите во палто. Добро затворете ја кесата и
b) маринирајте во фрижидер 15 минути до 2 часа.
c) Отстранете ги стековите од маринадата; отфрлете ја маринадата. Ставете ги шницлите на решетка над средни

jаглен покриени со пепел. Скара, покриена, 10 до 14 минути (на средна топлина на претходно загреана скара на гас, 12 до 16 минути) за средно ретко (145°F) до средно
d) (160°F) подготвеност, вртејќи повремено.
e) состојките на салсата од авокадо во средна чинија. Стави на страна.
f) Ставете тортиљи на решетката. Печете на скара додека не
g) се загрее и малку јагленисано. Отстрани; загрејте.
h) Издлабете стекови на парчиња. Послужете во тортиљи со салса од авокадо. Одозгора се ставаат кромидот, цилинтрото и лиметата, по желба.

53. Ситни тако говедски курви

Прави 30 ситни курви

## Состојка

- 12 унци мелено говедско месо (95% посно)
- 1/2 чаша сецкан кромид
- 1 чешне лук, ситно сецкан
- 1/2 чаша подготвен благ или среден тако сос
- 1/2 лажичка мелен ким
- 1/4 лажичка сол
- 1/8 лажичка бибер
- 2 пакувања (по 2,1 унци) замрзнати мини фило школки (вкупно 30 лушпи)
- 1/2 чаша рендана мешавина од мексиканско сирење со намалена маснотија
- **Додатоци:** Рендана зелена салата, исечкани домати од грозје или цреша, гвакамоле, павлака со малку маснотии, исечени зрели маслинки

## Правци

a) Загрејте ја рерната на 350°F. Загрејте голема нелеплива тава на средна топлина додека не се загрее. Додадете мелено говедско месо, кромид и лук во голема нелеплива тава на средна топлина 8 до 10 минути, растурете го говедското месо на мали парчиња и мешајќи повремено. Истурете капки, доколку е потребно.

b) Додадете тако сос, ким, сол и бибер; варете и мешајте 1

c) до 2 минути или додека смесата не се загрее.

d) Ставете ги корите од фило на обоениот плех за печење. Лажица смесата од говедско месо рамномерно во лушпи. Одозгора рамномерно ставете сирење. Печете 9 до 10 минути или додека лушпите не станат остри и кашкавалот не се стопи.

e) Одозгора се ставаат тартовите со зелена салата, домати, гвакамола, павлака и маслинки по желба.

## 54. Едно тенџере со тако за тако

# Прави 30 ситни курви

## Состојка

- 1 килограм посно мелено говедско месо
- 1 голем жолт кромид, исечкан на коцки
- 2 средни тиквички, исечени на коцки
- 1 жолта пиперка, исечкана на коцки
- 1 пакет зачини за тако
- 1 конзерва домати исечени на коцки со зелени чили
- 1 1/2 чаша рендан чедар или Монтереј џек сирење
- Зелен кромид за украс
- За сервирање тортиљи од зелена салата, ориз, брашно или пченка

## Правци

a) Загрејте голема нелеплива тава на средна топлина додека не се загрее. Додадете мелено говедско месо,
b) кромид,
c) тиквички и жолт пипер; варете 8 до 10 минути, кршејќи ги на мали парчиња и повремено мешајќи. Истурете капе ако е потребно.
d) Додадете зачини за тако, 3/4 шолја вода и исечкани домати. Намалете ја топлината на минимум и вриејте 7
e) до 10 минути.
f) Одозгора со рендано сирење и зелен кромид. Не мешајте.
g) Кога сирењето ќе се стопи, послужете го преку кревет со зелена салата, ориз или во тортиљи од брашно или пченка!

## 55. Здолниште стек улица tacos

Прави 6 тако

Состојка

- 1 стек од здолниште, исечен на делови од 4 до 6 инчи (1-1/2 до 2 фунти), исечен преку зрното на тенки ленти
- 12 тортиљи од пченка од шест инчи
- 1/2 лажичка сол
- 1/4 лажичка кајен пипер
- 1/2 лажичка лук во прав
- 1/2 лажичка мелено лук
- 1 лажичка масло
- 1 чаша кромид исечкан на коцки
- 1/2 чаша лисја од цилинтро, грубо сецкани
- 2 чаши тенко исечена црвена зелка

Винегрет од цилантро вар:
- 3/4 шолја лисја од цилинтро
- Сок од 2 лимета
- 1/3 чаша маслиново масло
- 4 лажички мелено лук
- 1/4 чаша бел оцет

- 4 лажички шеќер

- 1/4 чаша млеко

- 1/2 чаша кисела павлака

**Правци**

a) Загрејте масло на средна топлина. Исечениот стек зачинете го со сол, кајен бибер и лук во прав. Додадете стек во тавата и пржете додека не се готви (8 до 10 минути). Додадете лук и пржете 1 до 2 минути подолго додека лукот не стане миризлив. Тргнете го од оган и исечкајте го стекот на коцки.

b) Изматете ги сите состојки за винегрет. Додадете ја смесата во блендер и пулсирајте додека не се израмни, околу 1 до 2 минути.

c) Наполнете ги загреаните тортиљи од пченка (користете две по тако) со стек, кромид, сецкан цилинтро и зелка. Посипете со винегрет и послужете.

# ЧОПИ И САЛАТИ

## 56. Сопа Тараска

4 порции

## Состојки

### За лентите за тортилја

- 2 тортиљи, исечени на ленти долги околу 2 инчи и широки 1/8 инчи
- масло за пржење на лентите за тортилја

### За супата

- 1 лажица масло
- 2/3 чаша сецкан бел кромид
- 2 чешниња лук, грубо сецкани
- 2-1/4 чаши, несолени сечкани домати со сок
- 1 лажица чист анчо чиле во прав
- Приближно 5 чаши пилешка супа со малку натриум
- 2 ловорови листови
- 1/2 лажичка цела сува мајчина душица
- 1/4 лажичка риган
- 1/4 лажичка сушен лист оригано
- 1 лажичка сол, или по вкус

- 1 шолја рендана кезо фреска или замена за свежа моцарела

- 2 анчо чили, стебла и семки отстранети, исечени на половина и динстани во вода 15 минути

- 1/4 чаша кисела павлака

- 1 зелен кромид, мелено (само зелен дел)

**Правци**

a) Пржете ги лентите за тортиља. Загрејте околу 2 инчи масло во тенџере со средна големина на околу 350 ° F. Пржете ги лентите тортиља додека не станат крцкави. Исцедете го на хартиени крпи и резервирајте.

b) Направете ја супата. Загрејте ја тавата на средна топлина, додадете го маслото и пропржете ги кромидот и лукот додека кромидот не омекне, но не порумен, 4-5 минути. Ставете ги во блендер; додадете ги доматите со нивниот сок и чилето во прав и изматете пире.

c) Додадете шолја или 2 супа (што и да содржи вашиот блендер), пулсирајте за да се измеша, а потоа истурете ја смесата во тенџере.

d) Во тенџерето додадете ја преостанатата супа, ловоровите листови, мајчина душица, мајоранот, ориганото и солта. Оставете да зоврие и вриете 15 минути.

e) Послужете ја супата. Ставете 1/4 чаша сирење и 1/2 меко анчо чиле во секој од четирите чинии. Прелијте ја супата врз сирењето и прелијте ја со кисела павлака, ленти од тортиља и зелен кромид.

## 57. Супа од црн грав

## Состојки

- 1/2 лажица екстра девствено маслиново масло
- 1/2 чаша сецкан бел кромид
- 3 чешниња лук, грубо сецкани
- 1 многу мало анчо чиле, со семе и искинато на мали парчиња или 1/2 поголемо чиле
- 1 лажичка сечкана чипот чиле
- 1 (15 унца) конзерва несолен црн грав, вклучувајќи ја и течната 1/2 лажичка сол
- 3 чаши пилешка супа со малку натриум
- 1/4 лажичка мелен ким
- 1/2 лажица сецкан цилинтро
- 1 гранче епазот (по избор)
- 1/2 лажичка чадена слатка шпанска пиперка 1/2 лажичка сол, ако користите несолен грав 1/4 лажичка ситно мелен црн пипер 1 лажичка свежо исцеден сок од лимета
- 1 лажица сува шери

## Правци

a) Направете ја супата. Загрејте го маслиновото масло во тенџере со средна големина на средна топлина додека не заблеска. Додадете го кромидот и варете додека не омекне, но не порумени.

b) Додадете го лукот и варете уште една минута, потоа додадете ги двете чили и продолжете да готвите, често мешајќи, 1-1/2-2 минути.

c) Додадете ги преостанатите состојки освен сокот од лимета и шерито, оставете да зоврие, делумно поклопете и динстајте 10 минути.

d) Оставете ја смесата да се излади. Отстранете го и фрлете го епазотот ако сте го користеле. Истурете ги состојките во блендер и блендирајте 2 минути, или додека не се исчистат, во 2 серии доколку е потребно.
e) Вратете ја супата во тенџерето, оставете да зоврие, измешајте со сокот од лимета и шери и послужете.

## 58. Супа во стилот на тлапан

6 порции

## Состојки

- 2 домати, варени
- 6 чаши пилешка супа со малку натриум
- 1/2 фунта пилешки гради без коски и кожа 1 лажица екстра девствено маслиново масло 1 чаша ситно сечкан бел кромид
- 2 чешниња лук, мелено
- 3/4 чаша излупени и ситно сечкани моркови
- 1-1/2 чаши грав од гарбанцо, исцедени и исплакнати
- 1 чаша ситно сечкани тиквички
- 1/2 чаша замрзнат зелен грашок, одмрзнат
- 1 сушен чипот чиле или една чипот плус 1 лажичка адобо сос
- 1 лажичка свежо исцеден сок од лимета 1/4 лажичка ситно мелен црн пипер 1/4 лажичка сол, или по вкус
- 1 средно зрело авокадо, исечено на парчиња од 1/2 инчи 1/4 шолја рендано котија сирење (опционално) парчиња лимета

## Правци

a) Подгответе ги доматите. Испасирајте ги доматите во блендер или процесор за храна и процедете ги низ финото сечило на мелницата за храна или турнете ги низ цедалка. Резервирај.

b) Гответе го и исечкајте го пилешкото. Ставете ја супата и пилешките гради во големо тенџере, доведете до вриење и варете ги само додека не се свари пилешкото, околу 10 минути. Извадете го пилешкото и резервирајте ја супата.

c) Кога пилешкото ќе се олади доволно за да се справи, исечете го и поделете го на четири чинии за супа.

d) Направете ја супата. Загрејте големо тенџере на средна топлина. Додадете го маслиновото масло и кромидот и пржете додека кромидот штотуку не почне да кафеав, околу 5 минути. Додадете го лукот и варете уште 1 минута. Додадете ја резервираната супа и останатите состојки освен авокадото и сирењето и динстајте 8-10 минути.

e) Завршете ја и послужете ја супата. Извадете го чилето и прелијте ја супата врз вареното пилешко. Додадете еднакви делови од авокадото во секој сад и по желба ставете малку од сирењето. Послужете со клинови од лимета на страна.

## 59. Пуебла супа

4 порции од половина шолја

**Состојки**
- 2-1/2 лажици масло за јадење
- 4 унци излупен и сецкан компир
- 3-1/4 чаши пилешка супа со малку натриум
- 1 чаша сецкан бел кромид
- 2 чаши излупени и сечкани тиквички
- 3/4 шолја печено, излупено, со семе и сечкано поблано чиле
- 1/4 натрупа лажичка сува мајчина душица
- 1/4 натрупа лажичка сол
- 3/4 шолја 2% млеко
- 2 унци дел обезмастено млеко

**Правци**
a) Сварете ги компирите и направете ја супата. Загрејте тенџере на средна топлина. Растопете 1/2 лажица масло за јадење и додадете ги компирите.
b) Пропржете ги компирите додека не почнат да омекнуваат, но не дозволувајте да поруменат, 4-5 минути. Додадете 1-1/4 шолји супа во тенџерето, покријте и вриејте 5 минути.

c) Чорбата и компирот истурете ги во блендер, изблендирајте околу 2 минути. Додадете ја преостанатата супа и пулсот за да се соединат.

d) Гответе го зеленчукот. На средна температура растопете го преостанатото масло за јадење во истото тенџере во кое сте ги вареле компирите. Измешајте ги кромидот и тиквичките и варете додека кромидот не омекне, но не порумен, околу 5 минути.

e) Направете ја супата. Додадете го остатокот од чили, мајчина душица, сол и блендирани компири и супа во зеленчукот и динстајте 5 минути. Промешајте го млекото и динстајте уште 5 минути.

## 60. Салата од компири

4 порции

## Состојки
### За облекувањето
- 1/8 лажичка сол
- 1/4 лажичка бибер
- 2 лажици екстра девствено маслиново масло
- 1 лажица ситно сечкан власец
- 1 лажица ситно сечкан магдонос
- 1 лажица ситно сецкан цилинтро

### За салатата
- 1-1/4 чаши излупени моркови исечени на коцки, парчиња 1/2 инчи
- 2-1/2 чаши излупени и исечени на коцки компири, парчиња 1/2 инчи
- 2 унци chorizo, кожата отстранета, ситно сецкани
- 1 Серано чиле, извадени семиња и вени, мелено
- 1 средно до големо авокадо, исечено на парчиња од 1/2 инчи (по избор)

## Правци
a) Направете го преливот. Во сад изматете ги солта и биберот. Додадете го маслиновото масло во бавен млаз, постојано матејќи за да се создаде емулзија, потоа додадете го власецот, магдоносот и цилинтрото и добро измешајте.

b) Гответе ги компирите и морковите. Доведете 6 чаши вода да зовријат. Додадете ги солта и морковите и динстајте додека морковите не станат многу меки, но не се меки. Варените моркови извадете ги со цедалка и исплакнете ги под ладна проточна вода за да го прекинете варењето.
c) Гответе ги компирите во иста вода додека не станат многу меки, но не се меки и исцедете ги во цедалка. Исплакнете под ладна проточна вода за да го прекинете готвењето.

d) Гответе го хоризото. Загрејте нелепливо тавче на средна топлина и додадете го хоризото. Штом ќе почне да крчка, додајте го Сераното и продолжете со готвењето, мешајќи и растурајќи го хоризото со пластична или дрвена лажица, додека не стане златно и не почне да крцка.
e) Завршете ја салатата. Кога хоризото е готово, тргнете ја тавата од оган. Оставете да се излади 1 минута, а потоа измешајте ги резервираните моркови и компири.
f) Истурете сѐ во сад со средна големина, додајте го преливот и авокадото, доколку користите, и нежно, но темелно измешајте.

# 61. Салата за производители на текила

4 порции

## Состојки

### За облекувањето
- 2 лажици сангрита
- 1 лажица плус 2 лажички свежо исцеден сок од лимета
- 1/4 чаша екстра девствено маслиново масло
- Сол по вкус
- 3/4 лажичка свежо мелен црн пипер, или по вкус

### За салатата
- 1 чаша нопалитос, излечена во сол или варена додека не омекне
- 2 чаши грав од гарбанцо, исплакнат и исцеден
- 2 чаши свеж спанаќ, спакуван
- 1 голем домат, исечен на парчиња со големина на залак
- 1 големо авокадо или 2 мали, сецкани
- 2 зелени кромидчиња, ситно сецкани
- 1/4 чаша мелен цилинтро
- 4 унци queso фреска

## Правци
a) Направете го преливот. Во мал до среден сад измaтете ги сангритата и сокот од лимета.
b) Продолжете со енергично матење додека бавно го додавате маслиновото масло, додека преливот не се емулгира. Промешајте ги солта и биберот.
c) Направете ја салатата. Комбинирајте ги сите состојки на салатата во голем сад. Додадете го преливот и убаво измешајте.

## 62. Ensalada de Col

*Состојки*
## За облекувањето
- 2 супени лажици плус
- 2 лажички сол
- 1/2 лажичка ситно мелен црн пипер 1/3 чаша масло

## За зелката
- 12 унци многу ситно исечена или рендана зелена зелка
- 6 унци многу ситно исечена или рендана виолетова зелка
- 4 унци излупени рендани моркови

## Правци
a) Направете го преливот. Изматете ги солта и биберот, а потоа со бавен млаз изматете го маслото.
b) Направете ја салатата. Комбинирајте ја сламата Состојки во голем сад и прелијте ги со преливот. Оставете ја зелката на собна температура 3 до 4 часа, мешајќи ја на секои половина час. На крајот од тоа време, зелката ќе омекне и ќе се спојат вкусовите.
c) Ставете ја салатата во голема цедалка за да се исцеди вишокот течност (и солта) и ставете ја во фрижидер додека не е подготвена за сервирање, истурајќи го вишокот течност од време на време.
d) Салфетата се чува, во фрижидер, околу една недела.

# ТОСТАДАС

## 63. Основни Тостади

4 порции, по 2 тостади

### Состојки
- 8 лушпи од тортиља тостада
- 1/2 чаша Рефрен грав
- 3/4 шолја фил хоризо, компири и моркови
- 1 чаша рендана зелена салата
- 3/4 чаша сецкани домати
- 2 лажици рендано козјо сирење
- Салса

### Правци
a) Ставете по 2 лушпи од тостада на секоја од четирите чинии и намачкајте по околу 2 лажици грав на секоја.
b) Прелијте со еднакви количини од филот од хоризо, компир и морков, зелената салата, доматите и сирењето и послужете со салсата.

## 64. Гордитас од компир

Околу 16 Гордити

## Состојки
- 14 унци подготвена маса за тортиљи, или 1-1/2 чаши масека и 1 чаша плус 1 лажица вода
- 9 унци излупени рушести компири (измерени по лупењето), исечени на парчиња од 1-1/2 инчи
- 2 лажички масло за јадење, плус спреј за готвење за пржење на Гордита
- 1/2 лажичка сол
- Пико де Гало, или вашата омилена салса
- 1/2 чаша Гуакамоле

## Правци
a) Подгответе ја масата. Ако користите Maseca за тортиљи, ставете 1-1/2 шолји во сад со средна големина и измешајте 1 чаша плус 1 лажица вода со дрвена лажица. Месете го тестото околу 2 минути или додека не се изедначи, па оставете го да одмори 30 минути покриено со пластична фолија за целосно да се хидрира.
b) Тестото треба да тежи околу 14 унци.
c) Гответе ги компирите и завршете го тестото. Ставете ги компирите во тенџере, покријте ги со неколку инчи вода и динстајте ги додека не се прободат лесно со нож.
d) Исцедете ги компирите и ставете ги во риза за компири или темелно изгмечете ги. Измешајте го маслото за јадење и солта. За да го завршите тестото, комбинирајте ги 14 унци тортиља маса и мешавината од пире од компири.

e) Формирајте ги Гордитите. Намачкајте 1-1/2-унца парчиња од тестото во кругови. Тие треба да бидат дебели помеѓу 1/8- и 1/4-инчи. Загрејте нелеплива тава на средна топлина (околу 350°-375°F ако имате ласерски термометар).
f) Додадете доволно спреј за готвење за да ја снимите површината и варете го тестото додека не почне да станува златно кафеава на дното, околу 4 минути. Свртете ги гордитите и варете уште 4 минути од другата страна.
g) Наполнете ги со малку Пико де Гало, Гуакамоле или речиси што друго што сакате и послужете.

65.     Тостади прелиени со говедско месо

Принос: 4 порции

## Состојка
- Послужете ги тостадите отворени со кисела павлака или салса.
- 4 големи тортиљи од брашно
- 1 килограм посно мелено говедско месо
- 1 кромид, сецкан
- По 1 пиперка Халапено, исечкана со семки и исечкани на коцки
- 1 секое чешне лук, мелено
- 1 лажица чили во прав
- 1 лажичка мелен ким
- ¼ лажичка Сол
- штипнете бибер
- 1 голем домат, со семки и исечкани
- По 1 чаша: рендана зелена салата

## Правци
а) Пирс тортиљи на неколку места; секој од нив се пече во микробранова на решетката на високо ниво 1-½ до 2 минути или додека не стане едвај остра, вртете и завртете еднаш.

b) Ставете го на чинии за микробранова печка. Во сад од 8 шолји, издробете го говедското месо, додајте кромид, јалапено и лук. Се пече во микробранова на високо ниво, често мешајќи, 3-5 минути или додека месото повеќе не е розово. Измешајте чили во прав, ким, сол и бибер. Додадете домат, печете во микробранова на високо ниво 1-2 минути или додека не се загрее. Со решеткана лажица поделете ги тортиљите, посипете со зелена салата, па сирење.
c) Секој од нив се пече во микробранова на високо ниво 30-60 секунди или додека не се стопи сирењето.

# 66. Тостада од пилешко Chipotle

Принос: 4 порции

Состојка
- 2 Цели пилешки гради, без коски и кожа
- x Сол и бибер
- 1½ чаша печена салса од Росарита, мед.
- ¼ чаша сок од портокал
- 1 лажица Конзервирана Chipotle чили, пире
- 2 лименки (16 oz. ea.) Росарита без маснотии Традиционален рефрен грав
- 4 големи Флутирани тостадо школки, загреани
- 2 чаши Искината зелена салата
- 1 чаша Рендано сирење Чедар со малку маснотии
- 1 чаша домати исечени на коцки
- ½ чаша кисела павлака со малку маснотии (по избор)
- ¼ чаша Исечени зрели црни маслинки
- ¼ чаша Исечен зелен кромид

Правци
a) Ставете го пилешкото во плиток стаклен сад за печење. Посипете со сол и бибер по вкус. Печете на 350 степени F. 20 до 25 минути, или додека пилешкото не стане лесно кафено и нежно. Се сече на ленти или се сечка со вилушка. Во мал сад за матење, измешајте пилешко, 1 чаша салса од розарита, сок од портокал и чили чипот; добро измешајте. Стави на страна.

b) Во тенџере измешајте ги пржените зрна од Росарита и преостанатата салса од Росарита. Загрејте на средна топлина 5-7 минути, често мешајќи. Во центарот на секоја од 4-те чинии за сервирање ставете по 1 лажица смеса од топла грав.
c) Ставете ги претходно загреаните лушпи од тостада на кукла со топла смеса со грав за да спречите движење.
d) Поделете ги состојките поеднакво меѓу лушпите од тостадата и намачкајте ги по следниот редослед: смеса од грав, смеса од пилешка салса, зелена салата, чедар, домати, павлака, маслинки и зелен кромид.

## 67. Сладолед од кокосово млеко tostada sundae

Принос: 6 порции

**Состојка**
- 1 чаша ленти од кокос
- 6 чаши за десерт Тостада
- Сос од ананас-Анисет

**Правци**
a) Ставете го кокосот во неподмачкано тавче и измешајте го на средна топлина додека не се испреплетени со златно-кафени дамки, околу 2 минути.
b) За да го склопите, ставете 2 или 3 топки сладолед од кокосово млеко во центарот на секоја шолја тостада.
c) Одозгора ставете со сос од ананас-Анисет и препечените кокосови ленти. Јадете веднаш.

## 68. Тостади од ракчиња со гвакамоле

Принос: 4 порции

## Состојка
## Гуакамоле
- 2 големи авокадо
- 2 лажички свеж сок од лимета
- ½ лажичка Сол
- 2 Зелен кромид
- 1 мал домат излупен; четвртини
- 1 чешне лук
- 1 мала лута чили пиперка со семе

## Ракчиња и тостади
- Масло за пржење
- 8 тортиљи
- 32 медиуми Ракчиња
- 1 конзерва 16 oz. пржени грав
- 2 лажици Масло
- Свежа салса
- Мали чинии со сечкана зелена салата, кромид,
- Кесо фреска
- Магдонос.

## Правци
a) Гвакамоле: Авокадото исечете го на половина и извадете ја јамката, извадете го месото од авокадо од лушпата и ставете го во процесорот за храна, додадете сок од лимета, обработете додека не се исцеди.

b) Додадете сол, кромид, домат, лук и мала лута пиперка во смесата и повторно обработете додека не се добие ситно пире. Префрлете го во мал сад за да го доведете на маса.
c) Пржете тортиљи: Загрејте 1" масло во плитко тавче од 8"-9". Лизгајте ги тортиљите една по една во масло и пржете ги од секоја страна додека не поруменат. Веднаш извадете, исцедете ги на хартиени крпи.
d) Скара ракчиња, подгответе грав:
e) Навојте ракчиња на 8 ражничи од 10" и печете ги на скара на јаглен. Додека ракчињата се варат, префрлете ги пржените зрна од конзерва во тенџере
f) Додадете 2 лажици масло, добро промешајте и загрејте на тивок оган. Кога ракчињата ќе се сварат, извадете ги ражничките префрлете ги во мало јадење и доведете ги на маса.
g) Гостинот треба да направи свои тостади. Намачкајте го пржениот грав врз пржена тостада. Наредете ракчиња над ова и ставете со лажица малку салса и гвакамола над ракчиња. Потоа одозгора додадете малку зелена салата, кромид и сирење. Врвот со магдонос или цилантро.

# ДЕСЕРТ

## 69. Flan de queso

Принос: 4 порции

## Состојка

- 4 Големо јајце с
- 1 конзерва (14 Oz) Кондензирано млеко; Засладени
- 1 конзерва (12 oz.) Испарено млеко
- 6 унци Крем сирење
- 1 кафена лажичка Екстракт од ванила

## Правци

a) Измешајте ги јајцата, млекото и ванилата заедно.

b) Омекнете го крем сирењето и измешајте го заедно со останатите состојки.

c) Внимавајте да не го премешате крем сирењето или тоа ќе предизвика воздушни џебови во кладата.

d) Подгответе карамела така што ќе готвите ½ чаша шеќер на тивок оган додека шеќерот не се втечнува. Користете метален сад за да го направите ова.

e) Во тавата/рамекин свртете само карамела колку да го покрие дното.

f) Откако шеќерот ќе стане тврд, истурете го тестото што го подготвивте во чекорите 1 и 2 во тавата/рамекин.

g) Ставете ја тавата/рамекин во бен-мари. Тавата/рамекин во која се наоѓаат состојките треба да биде $\frac{3}{4}$ потопена во вода.

h) Печете на 325 степени целзиусови околу $\frac{1}{2}$ час. Фланот се прави кога ножот/чепкалка вметната во неа ќе излезе чист.

70.     Мексикански леб од месо

Принос: 1 порција

## Состојка

- 1 фунта Мелено месо
- 1 Јајце
- 1 мала Сецкан кромид
- Лук сол
- Магдонос
- $\frac{1}{2}$ чаша Трошки од леб
- $\frac{1}{2}$ чаша Млеко
- 1 лажица Сенф
- 2 Коцки од говедско бујон
- 1 лажица Сос од Вустершир
- 5 Моркови, но по должина
- 1 конзерва Сок од домати
- 2 медиуми Компири

## Правци

a) Меленото месо, јајцето, кромидот, солта на лукот, магдоносот, лебните трошки, млекото и сенфот цврсто измешајте ги.

b) Се тркалаат во зачинето брашно со пиперка, сол и бибер. Браун во електрична тава, кафеав од сите страни. Додадете бујонски коцки, Вустершир сос, моркови, сок од домати и компири.

c) Гответе се покриено со месо околу 1 час и 15 минути или додека не е добро подготвено.

71. *Лубеница Палета Шут*

Време на подготовка 15 минути

## Состојки
- 4 шолји Лубеница исечена на коцки, без семки
- ½ чаша текила, (Corralejo reposado)
- 3 супени лажици. Сок од лимета, свеж
- ½ шолја Шеќер или засладувач по ваш избор
- 10 лажички. Таџин чиле во прав

## Правци
a) Ставете ги лубеницата, текилата, сокот од лимета и шеќерот во блендер и обработете ги додека не се изедначи.
b) Ставете 1 лажиче. чиле во прав на дното на секој калап за пупки.
c) Истурете ја смесата од лубеница во калапи, затворете ги капаците, вметнете стапчиња и замрзнете преку ноќ.

## 72. Карлота де Лимон

Порции: 8 порции

## Состојки
- 1 пакување (16 oz.). Свилен тофу (меко)
- 1/3 чаша Бадемово млеко, незасладено
- 1 чаша Шеќер, или вашиот омилен засладувач
- 1/3 чаша сок од клуч од лимета, свеж
- 2 пакувања (ракави) колачиња Веган Марија

## Правци
a) Во блендерот ставете тофу, шеќер и бадемово млеко. Вклучете го блендерот на тивок оган и постепено додајте го сокот од лимета, додека смесата не се згусне и не го покрие задниот дел од лажицата.
b) Дното на стаклен сад за печење 8×8 обложете го со хартија за печење, додадете крем од лимета и покријте го со слој колачиња и истурете малку од смесата од кремот со лимета одозгора; доволно за да ги покрие, но да не ги удави.
c) Повторете го овој процес со додавање уште еден слој колачиња и потоа прекријте го со кремот од лимета, повторете додека не се потрошат целата смеса од кремот од лимета и колачињата.
d) НЕ ПРИТИСКАЈТЕ на колачињата. Сакате добар слој крем од лимета помеѓу колачињата и притискајќи ги надолу со туркајте го кремот од лимета на страните.
e) Ставете ја тортата во фрижидер најмалку 4 часа или додека не се стегне.
f) Превртете го садот за печење во чинија. Внимателно излупете го пергаментот.

## 73. Манго и Шамој Слуши

Порции: 2 порции

Состојки

Шамој
- 1 чаша кајсии, сушени
- 2 чаши Вода
- 2-3 лажици. Чиле анчо во прав
- 2 лажици. Сок од лимета, свеж

Слуши
- 1 чаша + 2 лажици. Манго, исечено на коцки
- 1 чаша мраз
- 6 лажици. Шамој
- 1 лимета, сок од
- Чиле во прав по вкус (тацин)

Правци

a) За да го направите дивокозата, ставете ги сувите кајсии и водата во тенџере и оставете да зоврие. Намалете ја топлината и динстајте 30 мин. Стави на страна.
b) Резервирајте ¾ шолја од течноста за готвење кајсија.
c) Земете ги динстаните кајсии, резервираната течност за готвење, чиле во прав, сок од лимета и измешајте додека не се изедначи. Додадете повеќе или помалку вода за потенка или погуста конзистентност. (Моето го оставив малку на дебелата страна.) Оставете да се излади.
d) За да го направите кашест, ставете ½ шолја манго на дното од садот за блендер, додадете слој мраз, продолжете да ги менувате слоевите на овој начин со остатокот од мразот и 1 чаша манго.

e)  Мешајте со средна брзина додека не останете со кашеста конзистентност. Парчињата мраз, иако мали, сепак треба да се видат.
f)  За да се соберат, однесете во чаши и истурете во лажица. од дивокоза во дното на секоја од нив. Додадете слој кашест манго, а потоа уште една лажица. од дивокоза. Повторете уште еднаш.
g)  Посипете 1 лажица масло. на коцки од манго на врвот на секој завршен кашест. Во секоја чаша исцедете половина лимета и одозгора со чиле во прав колку сакате. Послужете со лажица и сламка.

## 74. Мус од чоколадо

Околу 10 порции од четвртина шолја

## Состојки
- 1 фунта свилено или меко тофу
- 1 лажичка екстракт од ванила
- 1 лажица мед
- 3/4 лажичка чист анчо чиле во прав 1/8 лажичка сол
- 1/4 натрупа лажичка цимет
- 5-1/4 унци темно чоколадо исечено на многу мали парчиња
- 3 супени лажици Kahlua, Grand Marnier, Cointreau, или тројна секунда, или замена со сок од портокал

## Правци
a) Ставете го тофуто, ванилата, медот, чили во прав, солта и циметот во садот на процесорот за храна опремен со челичниот нож.
b) Ставете сад од нерѓосувачки челик над мало до средно тенџере со зовриена вода. Додадете го чоколадото и ликерот или сокот од портокал во тенџерето и често мешајте со дрвена лажица додека чоколадото целосно не се растопи, 1-2 минути.
c) Додадете ја чоколадната смеса во процесорот за храна и обработете ја со останатите состојки 1 минута, стопирајте по потреба за да ги изгребете страните на садот. Истурете ја смесата во голем сад или во посебни мали садови за сервирање.
d) Покријте со пластична фолија и ладете неколку часа.

75.　　　Банани и мандарински со сос од ванила

4 порции од четвртина шолја

## Состојки

### За крем сос
- 1/4 лажичка цимет
- 2 чаши млеко од соја со вкус на ванила
- 1 лажица масло за јадење
- 2 лажици нектар од агава
- 1/2 лажичка екстракт од ванила
- 1/4 лажичка сол

### Да заврши
- 3 чаши банани исечкани на коцки
- 1 чаша мандарини портокали

## Правци

a) Направете го сосот со крем. Ставете го циметот во мало тенџере и измешајте го млекото од соја по една лажица или 2 по едно додека убаво не се соедини.

b) Во тенок млаз промешајте го остатокот од млекото и додадете го маслото за јадење. Оставете да зоврие и динстајте додека не се згусне до конзистентноста на лесен крем, околу 10 минути.

c) Завршете го десертот. Оставете го сосот малку да се свари и прелијте го врз исечканото овошје.

76.     Сорбет од Јамајка

5 порции од половина шолја

## Состојки
- 2-1/2 чаши сушени листови од Јамајка (достапни во шпанска намирници)
- 1-квар вода
- 1/2 унца свеж ѓумбир, ситно сецкан 1 чаша шеќер
- 1 лажица свежо исцеден сок од лимета
- 2 лажици лимончело

## Правци
a) Направете го чајот. Листовите од Јамајка ставете ги во тенџере или сад, доведете ја водата до вриење и прелијте ја врз листовите. Покријте и стрмни 15 минути. Процедете го чајот и фрлете ја Јамајка.

b) Направете ја подлогата за шербет. Ставете го ѓумбирот во блендер, додадете 1 шолја од чајот и блендирајте додека не се исчисти целосно, 1-2 минути. Додадете уште 1-1/2 шолји чај и повторно избледирајте.

c) Во тенџере сипете ја основата од шербетот, додадете го шеќерот и оставете да зоврие, мешајќи да се раствори шеќерот. Тргнете го тенџерето од оган штом подлогата за шербет ќе зоврие. Промешајте го сокот од лимета и изладете. Ставете ја основата во фрижидер додека не достигне 60°F.

d) Замрзнете го шербетот. Додадете го лимончело во изладената основа и истурете го во машина за сладолед. Замрзнете според упатствата на производителот додека не се замрзне, но сепак кашеста, 20-30 минути.

## 77. Манго на скара

4 порции

## Состојки
- 4 зрели манго
- 3 лажички нектар од агава или замена за шеќер Спреј за готвење
- Варови клинови

## Правци
Загрејте ја скарата на силно или загрејте ја тавата за грил на силен оган.
a) Исечете ги мангото. Секогаш е тешко да се знае точно каде се семето на манго, па затоа обидите и грешките се најдоброто решение. Целта е да се исече мангото на колку што е можно поголеми парчиња кои не го вклучуваат семето. Ставете манго на страна и пресечете го на половина, надвор од центарот, за да го пропушти семето.
b) Исечете ги другите три страни на мангото на ист начин. Следно, вкрстете го овошјето на квадрати од околу 1/2 инчи.
c) Пресекувајќи го овошјето само до кората, но не и преку неа. Направете ги исечоците оддалечени половина сантиметар на еден правец, а потоа сторете го истото на другиот начин за да го креирате дизајнот со вкрстени шрафови.
d) Подгответе ги исечените манго. Истурете малку нектар од агава на исечените површини на секое манго, а потоа попрскајте со малку спреј за готвење.

e) Мангото печете ги на скара, со месото надолу, минута или 2, или само додека не се запржат со траги од скара, но не варете ги додека не се меки и целосно загреани.
f) Важно е да се задржи цврстата текстура и контрастот помеѓу топлата површина и поладната внатрешност.
g) Послужете ги мангото со клиновите од лимета.

## 78. Брз овошен пудинг

4 порции

## Состојки
- 2 банани, излупени, исечени на кругови од 1/2 инчи и замрзнати на лист алуминиумска фолија
- 3 чаши излупено и сечкано манго или друго овошје
- 2 лажици свежо исцеден сок од лимета
- 2 лажички нектар од агава
- 1/8 лажичка сол
- Листови од нане

## Правци
a) Ставете ги сите состојки во садот на процесорот за храна со челичната сечила или во блендер и обработете ги додека не станат течни, мазни и кремасти.
b) Украсете со нане.

# 79. Банани на скара во сос од кокос

4 порции

*Состојки*
- 1/2 чаша лајт кокосово млеко
- 2 лажици нектар од агава
- 1 лажица вода
- 4 банани, излупени

*Правци*
a) Направете го кокосовиот сос. Во мало тенџере ставете го кокосовото млеко и нектарот од агава да зовријат.
b) Бананите на скара и послужете ги. Загрејте ја скарата или тавата за скара на високо ниво.
c) Премачкајте ги бананите со малку од кокосовиот сос, резервирајте го остатокот и печете ги на скара од двете страни додека не добијат траги од скара и штотуку не почнат да омекнуваат. Не ги преварувајте или ќе се распаднат.
d) Послужете ги бананите прелиени со малку повеќе од сосот.

80. Манго шербет

8 порции од трета чаша

### Состојки
- 2-1/2 чаши излупени, со семиња и сечкано манго
- 3-1/2 лажици шеќер
- Скудна 2/3 чаша вода
- 1/2 лажичка цимет
- 1/2 лажичка мелен пипер
- 1 лажица лимончело

### Правци
a) Измешајте ги сите состојки додека не се испасираат.
b) Истурете го пирето во машина за сладолед и замрзнете го според упатствата на производителот.
c) Тоа обично трае помеѓу 15 и 20 минути.

81. Флан

6 порции од четири унца

## Состојки
- 1 шолја испарено млеко без маснотии
- 1 чаша млеко од 2%.
- 1/4 чаша кондензирано млеко без маснотии
- 1 лажичка екстракт од ванила
- 2 големи јајца
- 4 белки од големи јајца
- Спреј за готвење
- 6 лажички нектар од агава

## Правци
a) Загрејте ја рерната на 325°F.
b) Направете ја основата за флан. Состојките, освен спрејот за готвење и нектарот од агава, измешајте ги во блендер и матете додека целосно не се соединат, околу 1 минута.
c) Подгответе ја тавата за печење. Попрскајте шест рамекини безбедни за рерна од 4 унца со малку спреј за готвење и ставете ги во сад за печење во кој прилично цврсто се вклопуваат. Наполнете ги рамекините до 1/4 инчи од горниот дел со подлогата на фластерот. Истурете доволно топла вода од чешма во садот за печење за да дојде до половина од страните на рамекините.
d) Испечете го фланот. Ставете го садот за печење со наполнетите рамекини во рерна 40 минути или додека не се наместат и само цврсти клапите. Извадете го садот за печење од рерната, а рамекините од садот.

е) Оставете ги шипките да се изладат, а потоа покријте ги со најлонска фолија и ставете ги во фрижидер додека не се изладат. Послужете ја секоја флама прелиена со 1 лажичка нектар од агава.

## ЗАЧИНИ

## 82. Сос од цилантро

Принос: 3 чаши

## Состојка

- 2 медиуми Кромид(и), исечен на четвртини
- 5 Каранфилче(и) лук
- 1 Зелена пиперка,
- Исечени со јадра, со семки, исечени на коцки
- 12 Качуча пиперки
- Стебло и семе или
- 3 супени лажици Црвена пиперка исечкана на коцки
- 1 куп Цилантро
- Измиени и стебла
- 5 C i l a ntro остава
- 1 кафена лажичка Сушено оригано
- 1 чаша Екстра девственото маслиново масло
- ½ чаша Црвен вински оцет
- Сол и црн пипер

## Правци

a) Кромидот, лукот, пиперките, цилантрото и ориганото се пасираат во процесор за храна. Додадете го маслиновото масло, оцетот, солта и биберот и пасирајте додека не се изедначи.

b) Поправете го зачинот, додавајќи повеќе сол или оцет по вкус.

c) Префрлете го сосот во чисти стаклени тегли. Во фрижидер, ќе се чува неколку недели.

## 83. Мексикански adobo прав

Принос: 1 чаша

## Состојка

- 6 супени лажици Кошер сол
- 2 супени лажици Бел пипер
- 2 супени лажици Семиња од ким
- 2 супени лажици Лук во прав

## Правци

a) Комбинирајте ја солта, зрната бибер и семките од ким во суво тавче и варете ги на средна топлина додека зачините не се потпечени и миризливи, околу 3 мин. Префрлете ја смесата во сад да се излади.

b) Комбинирајте ја печената смеса за зачини и лукот во прав во мелница за зачини и сомелете до ситен прав.

c) Да се чува во херметички контејнер; ќе се чува неколку месеци.

## 84. Мексиканско зелено софрито

Принос: 1 чаша

## Состојка

- 2 супени лажици Маслиново масло
- 1 мала Кромид(и)
- Ситно сецкан (1/2 чаша)
- 1 куп Лук, исечкан
- Ситно сецкани
- 4 Каранфилче(и) лук, мелено
- 1 Зелена пиперка
- Јадро, семено
- Ситно сецкани
- ¼ чаша Цилантро, сецкан
- 4 Кулентро остава
- Ситно сецкани (по избор)
- ½ лажичка Сол или по вкус
- Црн пипер по вкус

## Правци

a) Во нелеплива тава за пржење загрејте го маслиновото масло. Додадете го кромидот, кромидот, лукот и бугарската пиперка.

b) Гответе на средна топлина додека не стане меко и проѕирно, но не и кафено, околу 5 минути, мешајќи со дрвена лажица.

c) Измешајте ги цилинтрото, магдоносот, солта и биберот. варете ја смесата минута или две подолго. Поправете го зачинот, додавајќи сол и бибер по вкус.

d) Префрлете се во чиста стаклена тегла. Во фрижидер, ќе се чува до 1 недела.

## 85. Бришење од свинско месо во мексикански стил

Принос: 1 порција

## Состојка

- 2 супени лажици Ким; земјата
- 2 супени лажици Лук; мелено
- 2 супени лажици Цилантро; свежо, грубо сечкано
- 2 супени лажици Црн пипер; свежо испукана
- 2 супени лажици Солта
- 2 супени лажици бел оцет
- 2 супени лажици Жолта сенф
- 2 супени лажици Јалапено пиперка; мелено
- 2 супени лажици Маслиново масло

## Правци

a) Соединете ги сите состојки и добро измешајте. Користете во рок од два дена од подготовката.

b) Намачкајте го свинскиот задник со мешавина од зачини и пуштете $1\frac{1}{2}$ часа по килограм на 240-250 F.

86.     Натопи од зеленчук

Принос: 12 порции

## Состојка

- 1 чаша Мајонез
- 1 чаша Кисела павлака
- ¼ кафена лажичка Лук во прав
- 1 кафена лажичка Снегулки од магдонос
- 1 кафена лажичка Зачинета сол
- 1 ½ лажичка Семе од копар

## Правци

a) Измешајте ги сите состојки и изладете. Најдобро направен ден пред нас.

b) Послужете со суров зеленчук: целер, моркови, краставици, бугарска пиперка, карфиол итн.

87.Ваљарта натопи

Принос: 16 порции

## Состојка

- 6½ унца Конзервирана туна -- исцедена
- 1 Зелен кромид - исечен
- 3 супени лажици Топла чиле салса
- 4 супени лажици Мајонез
- 8 Sprigs cilantro, или по вкус
- Сок од лимон или лимета
- Сол по вкус
- Тортиља чипс

## Правци

a) Во сад измешајте ја туната, кромидот, салсата, мајонезот и цилинтрото. Зачинете по вкус со сок од лимон и сол; прилагодете ги другите зачини по вкус. Послужете со чипс.

b) Исечете го зелениот кромид на должина од 1 инчи и ставете го во процесор опремен со челично сечило. Додадете гранчиња цилинтро и обработете ги 3 до 5 секунди. Додадете туна, салса, мајонез, сок од лимон и сол; пулсирајте неколку пати за да се соединат.

c) Вкусете, прилагодете ги зачините и пулсирајте еден или два пати повеќе.

d) Извадете го од фрижидер околу 30 минути пред сервирање.

**88.** Зачини за тако

Прави 1/3 шолја

### Состојки
- Сува кора од 1 лимета (по избор)
- 2 лажици чили во прав
- 1 лажица мелен ким
- 2 лажички ситно мелена морска сол
- 2 лажички мелен коријандер
- 1 лажичка пиперка
- 1/2 лажичка свежо мелен пипер
- 1/8 лажичка кајен пипер (по избор)

### Правци
a) Ова е изборен, но вкусен чекор, затоа го препорачувам - излупете 1 лимета. Ставете ја корaта или во мала чинија на сончев прозорец, исушете ја во дехидратор или во рерна загреана на 175°F околу 10-15 минути додека не исчезне целата влага.
b) Фрлете ги сите состојки во сад додека не се измешаат добро.
c) Да се чува на ладно и темно место во херметички стаклен сад.

## 89. Свежа тревна салса од домати-пченка

## ПРАВИ ОКОЛУ 31/2 ЧАШИ

### Состојки
- Пакет од 6,10 унци замрзната пченка или
- 4 уши свежа пченка, исечени од кочан
- 1 голем зрел домат, исечкан на коцки
- 1/2 средно црвен кромид, исечен на ситно
- 1 пиперка халапењо, со семе и исечкана на коцки
- 3 лажици балсамико оцет
- 2 лажици сечкан свеж босилек
- 2 лажици сецкан свеж цилинтро
- морска сол по вкус

### Правци

a) Соединете сè во голем сад и добро измешајте.

b) Оставете да отстои 1 час на собна температура или во фрижидер за да се спојат вкусовите.

90. Гвакамоле бел грав

Се прават околу 3 чаши

## Состојки
- 2 лесно спакувани чаши грубо сечкано/исечено зрело авокадо
- 1 чаша бел грав 1/2 лажичка морска сол
- 2-21/2 лажици сок од лимон
- Вода, да се разреди по желба

## Правци
a) Ставете го авокадото, белиот грав, морската сол, сокот од лимон и водата во процесор за храна или блендер и измешајте додека не се изедначи.

b) Зачинете по вкус со дополнителна сол и/или сок од лимон.

# ПИЈАЛОК

## 91. Нискокалорично смути од кактус

1-2 порции

## Состојки
- 1/2 чаша исчистени и исечени парчиња лопатка од кактус
- 1 чаша сок од портокал, сок од калинка или друг сок
  Мала рака мраз

## Правци
a) Темелно исплакнете ги парчињата кактус под ладна проточна вода и ставете ги заедно со сокот и мразот во блендер.
b) Мешајте додека не се втечени темелно, 1-2 минути.

## 92. Атоле

4 порции

## Состојки
- 1/2 чаша брашно
- 1/4 лажичка мелен цимет
- 1/8 лажичка сол
- 5 шолји безмасно млеко или вода
- 4 лажици нектар од агава
- 1 лажичка екстракт од ванила

## Правци
a) Во поголемо тенџере ставете го брашното со циметот и солта.
b) Полека мешајте го млекото или водата додека брашното целосно не се раствори.
c) Додадете ги нектарот од агава и ванилата да зовријат и варете ги на тивок оган 5 минути со постојано мешање за да не се згрутчи и не се залепи на дното од тенџерето.

93. Шампурадо

4 порции

**Состојки**
- Атоле
- 2 унци чоколадо со 70% какао

**Правци**
a) Додадете го чоколадото во Atole откако ќе се динста 4 минути.
b) Гответе уште 1 минута, мешајќи додека не се стопи чоколадото.

## 94. Агуас Фреска

4 порции

### Состојки
- 2 чаши свежо овошје
- 1-2 лажици свежо исцеден сок од лимета 2 чаши вода
- 2-4 лажици нектар од агава или замена за шеќер 1 чаша кршен мраз

### Правци
a) Овошјето, сокот од лимета, водата и нектарот од агава испасирајте ги во блендер.
b) Се цеди во бокал и се додава мразот.

95. Хорчата де Мелон

Околу 4 порции од дванаесет унци

## Состојки
- 2 лажици свежо исцеден сок од лимета (по избор)
- 1 зрела диња, приближно 2 килограми, која дава околу 1 фунта чисто овошје и семиња, 2-1/2 чаши
- 2-1/2 чаши вода
- 2 лажици нектар од агава или замена за шеќер (по избор)
- 1/2 лажичка екстракт од ванила

## Правци
a) Сокот од лимета, доколку го користите, ставете 1 шолја вода, а овошјето и семките во блендер и пасирајте. Додадете го остатокот од водата, засладувачот, доколку користите, и ванилата и измешајте добро да се измеша.
b) Процедете ја Хорчатата во бокал и изладете ја или послужете ја на мраз.

96. Сангрита

Околу 3 чаши

**Состојки**
- 2 анчо чили со средна големина, тостирани и рехидрирани
- 2-1/2 чаши свеж сок од портокал
- 3-1/2 лажици гренадин
- 1 лажичка сол

**Правци**
a) Сите состојки се ставаат во блендер и се пасираат.
b) Процедете ја и изладете ја смесата пред да ја послужите.

97. Кокосово јајце

Принос: 1 порција

## Состојка

- 13/16-кварта Лесен мексикански рум
- Кора од 2 лимета; (рендан)
- 6 Жолчки од јајце
- 1 конзерва Слатко кондензирано млеко
- 2 лименки (големо) испарено млеко
- 2 лименки Кокос крем; (како Коко Лопез)
- 6 унци Џин

## Правци

a) Половина од румот со кората од лимета се меша во блендер на голема брзина 2 мин.

b) Процедете и ставете во поголем сад. Додадете го остатокот од рум.

c) Во блендер измешајте ги жолчките, двете млека и џинот додека убаво не се изедначат.

d) Истурете $\frac{3}{4}$ од оваа смеса во сад со рум. Остатокот измешајте го со кокосовиот крем и убаво измешајте. додадете го во смесата со рум, добро измешајте и ставете го во фрижидер.

## 98. Мексиканско јајце

Принос: 16 порции

## Состојка

- 2 шолја Вода
- 8 стапчиња цимет
- 6 големи жолчки
- 3 (12 oz.) лименки испарени
- 1 шолја млеко
- 2 Конзерви од кокосово млеко
- 3 ( 14 oz.) лименки засладени
- 1 чаша кондензирано млеко
- 3 шолји бел рум

## Правци

a) Во тенџере од 2 литри, загрејте ја водата и стапчињата цимет да зовријат на силен оган. Намалете ја топлината на средно и варете додека течноста не се намали на една чаша. Отстранете ги стапчињата цимет и оставете ја течноста на страна да се излади на собна температура.

b) Во тенџере од 3 литри со жица за матење, изматете ги жолчките и испареното млеко додека не се измешаат добро.

c) Гответе на тивок оган, постојано мешајќи додека смесата не се згусне и премачка со лажица - околу 10 минути.

d) Стави на страна.

e) Кога течноста со вкус на цимет ќе се олади, измешајте кокосово млеко додека не се измеша добро.

f) Во садот за сервирање измешајте ја смесата од кокос, смесата од жолчки, засладеното кондензирано млеко и румот. Добро изладете и послужете.

## 99. Мексиканско мохито

Принос: 2 чаши

## Состојка

- 6 Аџи дулче пиперки или
- 1 ½ лажица Црвена пиперка, исечкана на коцки
- ½ Зелена пиперка, исечкана на коцки
- 5 Каранфилче(и) лук
- Грубо сецкани
- 2 Шалоти, крупно сецкани
- 1 Домати
- Излупени и со семиња
- 1 ½ лажица Каперси, исцедени
- 1 ½ лажичка Сушено оригано
- ½ чаша Цилантро лисја
- Измиени и стебла
- ¼ чаша Доматно пире
- 2 супени лажици Екстра девственото маслиново масло
- 1 лажица Сок од лимета
- Сол и бибер по вкус

## Правци

a) Традиционално се служи како сос за натопување за чипс од хлебните и пржени пире од зелени хлебни. Одличен е и за натопување чипс од тортиља и прави убав коктел сос за ракчиња и други морски плодови.

b) Комбинирајте ги пиперките, лукот, шелотите, доматите, каперсите, ориганото и цилинтрото во процесор за храна и сомелете ги до мазно пире. Работете во доматната паста, маслиновото масло, сок од лимета и сол и бибер.

c) Префрлете се во чиста тегла со нереактивен капак. Во фрижидер, се чува 1 недела.

## 100. Мексиканско рум капучино

Принос: 1 порција

## Состојка

- 1½ унца Темен рум
- 1 лажичка Шеќер
- Топло силно кафе
- Млеко на пареа
- Шлаг
- Мелен цимет

## Правци

a) Во кригла соединете рум и шеќер.

b) Додадете еднакви делови на кафе и млеко.

c) Одозгора со крем и цимет.

# ЗАКЛУЧОК

Автентичната мексиканска храна е живописна, вкусна, свежа и забавна. Исто така е шарен, зачинет и користи неверојатна низа чили, свежи и сушени. Многу состојки се лесно достапни насекаде, како домати, лимес, коријандер, црвен кромид, авокадо и пченка, а специјалните состојки стануваат сѐ подостапни ширум светот.

www.ingramcontent.com/pod-product-compliance
Lightning Source LLC
Chambersburg PA
CBHW070649120526
44590CB00013BA/887